Stefan Lehnberg ist ein wahres Multitalent. Schauspiel, Regie, Schriftstellerei – in all diesen (und zahllosen weiteren) Bereichen ist der Wahlberliner unglaublich erfolgreich. Er ist nicht nur der Verfasser mehrerer Theaterstücke, sondern war unter anderem als Autor für Harald Schmidt und Anke Engelke tätig. Seine tägliche Radiocomedy „Küss mich, Kanzler“, bei der er als alleiniger Autor, Regisseur und männlicher Hauptdarsteller fungierte, hat es in dreizehn Jahren auf über 3000 Folgen gebracht und sein Roman „Mein Meisterwerk“ wurde mit dem Ephraim-Kishon-Satirepreis ausgezeichnet. Weitere Höhepunkte seiner Karriere markieren die Veröffentlichung von „Comedy für Profis – Das Praxisbuch für Autoren und Comedians“, „Das persönliche Tagebuch von Wladimir Putin“, die drei Goethekrimis "Durch Nacht und Wind", "Die Affäre Carambol" und „Die Briefe des Ikarus“, die unter dem Pseudonym Guy McLean erschienene humoristische Krimireihe um Lord Danby: „Mord auf Asher Castle“, „Die Deauville-Affäre“ und „Der mysteriöse Passagier“, sowie die unter dem Pseudonym T.H. Lawrence erschienene Father-Brown-Geschichten-Sammlung „Der Teufel von Dublin“.

Außerdem sieht er gut aus, ist hochintelligent und verfügt über einen edlen Charakter.

Doch ist ihm nichts davon zu Kopfe gestiegen. Im Gegenteil: Er ist immer der sympathische Kumpel von Nebenan geblieben, der sich auch keineswegs zu schade ist, mal ein paar biographische Zeilen über sich selbst zu schreiben.

www.Lehnberg.com

Stefan Lehnberg

Der Komödiant

Eine Anleitung zum komischen Spiel für Schauspieler und Regisseure

Der Komödiant – Eine Anleitung zum komischen Spiel für Schauspieler und Regisseure

www.Bookmundo.de

1. Auflage

Stefan Lehnberg – Am Rathaus 8 – 10825 Berlin

Printed in Germany

ISBN 9789403747248

Die Deutsche Nationalbibliothek verzeichnet diese Publikation in der Deutschen Nationalbibliografie

www.Lehnberg.com

Dieses Buch ist

Louis de Funès

gewidmet, der auch noch

den schlechtesten Text

komisch darstellen konnte.

INHALT

„Alles kann und wird vor Gericht gegen Sie verwendet werden."

Motto dieses Buches

Warum dieses Buch?

Kurze Antwort:

Weil es meines Wissens bislang kein einziges Buch gibt, das Schauspielern vermittelt, wie man Komik erzeugt.

Lange Antwort:

Man glaubt es kaum, aber in *einem* Punkt haben wir Deutschen (als Entwicklungsland im Bereich der Komik, das ohne die filmischen Carepakete aus dem angelsächsischen Raum nicht eine Woche überleben könnte) den Engländern und Amerikanern als Meistern der Komik etwas voraus: Das Wort *Komödiant* existiert im Englischen nicht. Man müsste es wohl mit Comedian übersetzen, was aber wieder zurück ins Deutsche übersetzt Komiker bedeutet. (Viel Spaß, lieber englischer Übersetzer dieses Buches, bei der Übertragung dieses Satzes).

Aber ein Komödiant ist kein Komiker. Es ist ein Schauspieler (oder Laie), der mit der Gabe gesegnet ist, komisch sein zu können (beziehungsweise mit dem Fluch, es sein zu *müssen)* oder der, wie man im Englischen sagt, „Funny Bones" hat. Am ehesten könnte man es wohl mit Funny Actor übersetzen. So wie Profimusiker Noten nicht nur lesen können, sondern sie beim Lesen auch hören, haben Akteure mit Funny Bones ein instinktives Gespür dafür, wie man alles ins Komische wenden kann. Für diese Funny

Actors ist dieses Buch durchaus auch, aber nicht in erster Linie. Wer in seiner Muttersprache spricht, benötigt nicht unbedingt ein Buch über Grammatik. Das brauchen in erster Linie diejenigen, welche diese Sprache noch gar nicht sprechen. Andererseits kann auch der Muttersprachler aus einer Grammatik noch einiges lernen, besonders in Zweifelsfällen. Auch der Komödiant wird manchmal nicht weiterwissen und sich in der Probenarbeit fragen, „wie in aller Welt man diesen verdammten Schrotttext" lustig machen kann. An diesem Punkt – wenn das geniale Naturtalent nicht mehr weiterweiß – ist Handwerk gefragt und spätestens dann ist dieses Buch hilfreich.

Noch mehr jedoch wendet sich dieses Buch an die Schauspieler und Regisseure *ohne* Funny Bones, diejenigen, welche mit der Aufgabe, eine Rolle komisch anzulegen, ebenso überfordert wären, als wenn sie aus dem Stegreif einen Vortrag über die mexikanische Ruinenstadt Xochicalco halten sollten. Es ist wie mit dem Ohrenwackeln: Bei dem, der es kann, sieht es ganz einfach aus, aber man selbst schneidet nur irgendwelche Grimassen und die Ohren bewegen sich kein Stück.

Auch im Bereich der Komik gilt Goethes alte Regel: „Wenn ihr's nicht fühlt, ihr werdet's nicht erjagen." Wenn man die Komik nicht fühlt und man keine Funny Bones hat, ist man erstmal aufgeschmissen, es sei denn, man kennt Wege, sich der Sache technisch zu nähern. Aber so, wie es auch keinen Unterschied macht, ob ich eine Torte esse, die ein Backgenie nach

Gefühl oder ein Laie nach Kochbuch gebacken hat, spielt es für die Zuschauer auch keine Rolle, *wie* Deine Komik zustande gekommen ist. Er wird den Unterschied nicht bemerken.

Nun mag der eine oder andere Schauspieler einwenden, dass er selbst gar nicht komisch sein *muss,* um Komik zu erzeugen. Die Komik einer Komödie sei ja bereits im Text enthalten. Die entsprechende Rolle müsse nur seriös dargestellt werden und schon ergibt sich die Komik ganz automatisch. Grundsätzlich falsch ist das nicht, aber es gilt bei weitem nicht für *alle* Texte. Dazu später mehr.

Andere wiederum (oder vielleicht auch dieselben) werden sagen, dass es dafür ja schließlich den Regisseur gäbe und dass es dessen Aufgabe sei, die Komik da hineinzuinszenieren. Nun, das wird in vielen Fällen so sein, aber darauf verlassen würde ich mich lieber nicht. Wenn der Regisseur keine Funny Bones besitzt, wird er keine große Hilfe sein – wenn nicht gar ein Hindernis. Viele Regisseure können keine Komik inszenieren und wollen es eigentlich auch gar nicht. Das wäre auch total in Ordnung, wenn sie es dann auch nicht täten, aber sie tun es, wenn man sie beauftragt und richten dann immensen Schaden an guten Texten an. Sie sollten sich besser ein Beispiel an dem nahezu unbekannten fünften Marx-Brother, Gummo Marx nehmen, der nur am Anfang, als die Brüder noch im Vaudeville auftraten, auf der Bühne mitwirkte und dann aufhörte, weil er merkte, dass ihm dafür die Begabung fehlte. Er sagte später: „Die Marx-Brothers haben ihren Erfolg nur mir zu verdanken. Ich habe die Gruppe verlassen.“

Im Regiebereich läuft das, besonders beim deutschen Fernsehen, oft anders. Da werden Regisseure, die es für eigentlich für unter ihrer Würde halten, so etwas „Minderwertiges wie Comedy“ zu inszenieren – teilweise gegen ihren Willen – mit dieser Aufgabe betraut und kommen sich dabei vor wie ein Soldat, der nach Stalingrad abkommandiert wurde. Auch der Sender sieht es so: „Bevor dieser Regisseur etwas „Richtiges“ zu inszenieren bekommt, muss er sich erstmal an etwas „Einfachem“ versuchen. Bei Comedy kann man ja nicht viel falsch machen und es kommt ja ohnehin nicht so drauf an.“ Dass das exakte Gegenteil der Fall ist, versteht sich von selbst. Dies ist einer der Gründe, warum Komik im deutschen Fernsehen oft, nein, fast immer, so miserabel ist. (Die an einer Hand abzuzählenden hochwertigen Formate, wie *Ein Herz und eine Seele/Ekel Alfred, Pastewka, Stromberg* sind alle keine Originalentwicklungen, sondern Adaptionen englischer und amerikanischer Sendungen, nämlich von *Till death us do part* (sic!) von Johnny Speight, *Curb your Enthusiasm* von Larry David und *The Office* von Ricky Gervais). Selbst die achtziger Jahre Sketchshow *Harald und Eddi* mit Harald Juhnke und Eddi Arent enthielt etliche Texte der überaus erfolgreichen englischen Serie *The two Ronnies* mit Ronnie Corbett und Ronnie Barker. (Ich war damals immer wieder angenehm überrascht, wie gut einige Sketche geschrieben waren,

aber das waren die englischen.) Selbst der Name der Show, *Harald und Eddie,* wurde ja im Grunde vom Original übernommen, nur dass die beiden deutschen Schauspieler nun mal nicht mit Vornamen *Ronnie* hießen.
Ein weiterer, noch gravierenderer Hemmschuh besteht in Gestalt von Redakteuren, die sich einbilden, etwas von Komik zu verstehen und die dann die Autoren, die *wirklich* etwas davon verstehen, auf ihr Niveau herabziehen. Auch hier zeigt sich wieder die allgemeine Geringschätzung der Komik. Kein Redakteur würde annehmen, dass er genauso gut Klavierspielen kann wie ein Konzertpianist, der sich ja seit Jahrzehnten damit beschäftigt, er würde den Unterschied beim Spielen sofort bemerken, doch bei der Komik glaubt er, das genauso gut zu können wie ein Profi, da er zum einen Komik nicht als eine Kunstform anerkennt und er zum anderen den Unterschied zwischen amateurhafter und professioneller Komik nicht erkennen kann. Doch das ist ein anderes Thema, das (unter anderem) ausführlich in meinem Buch *Comedy für Profis – Das Praxisbuch für Autoren und Comedians* behandelt wird.

Der Anstoß für mich, dieses Buch tatsächlich zu schreiben (statt mich nur seit Jahrzehnten theoretisch und praktisch als Schauspieler, Regisseur, Autor und Comedian mit dieser Thematik zu beschäftigen) kam, als ich vor einiger Zeit die Fernsehaufzeichnung einer Georges-Feydeau-Komödie des Wiener Burgtheaters sah. (Welche es war, verschweige ich an dieser Stelle diskret.) Nun ist das Burgtheater eines der besten Theater der Welt, ich liebe es (und noch immer habe ich meine seit Jugendtagen gehegte Hoffnung, eines Tages Direktor dieser heiligen Spielstätte zu werden, nicht gänzlich aufgegeben) und Georges Feydeau war und ist einer der besten Komödienautoren aller Zeiten – was könnte also schief gehen?

Nun, leider fast alles.

Abgesehen von einem einzigen (nicht vom Spiel abhängigen) Gag konnte ich nicht *einmal* schmunzeln. Es war einfach nicht komisch. Die Schauspieler des Burgtheaters gehören zu den besten, die es gibt, wenn nicht einmal sie es (zumindest hier) schaffen, in einer Feydeau-Komödie komisch zu sein, dann scheint hier doch ein grundsätzliches Problem vorzuliegen.

Doch was ist zu tun?

Wie wird Unlustiges lustig?

Worin besteht das Geheimnis?

Was ist – wie es in der Adriano-Celentano-Komödie *Hände wie Samt* heißt – „der geheime Zusatz"?

Ich erinnere mich an eine Laienaufführung meiner Schulzeit. Wir spielten Shakespeares Komödie *Der Widerspenstigen Zähmung*. Ursprünglich sollte die Vorstellung auf der örtlichen Freilichtbühne stattfinden, doch dann musste in buchstäblich letzter Minute wegen Regen alles in die Stadthalle verlegt werden. Entsprechend miserabel war die Stimmung im Publikum. Hinzu kam, dass die Vorstellung nachmittags stattfand. Im Gegensatz zu den Vorstellungen zuvor, zündeten die Gags nicht. Es wurde kaum gelacht. Nun meinte einer der jugendlichen Darsteller (nicht ich!!!) der Aufführung einen guten Dienst zu erweisen, in dem er seinen Text mit einem großen Stolperer nach vorne begann. Dies sollte, wie er mir später auf meine Frage nach dem Sinn dieser Aktion erklärte, für einen zusätzlichen Lacher sorgen und so die Stimmung anheizen. Natürlich bewirkte dieser völlig unpassende Stolperer weder das eine noch das andere, sondern sorgte bei den Zuschauern bestenfalls für Irritation und Mitleid. Mein Kollege kannte nicht eine der wichtigsten Regeln der Komik, nämlich, dass es dabei nicht auf das *Was*, sondern ausschließlich auf das *Wie* ankommt. **Komik ist Form, sonst nichts.** Doch dazu später mehr.

Nun kann man von einem jugendlichen Laienschauspieler natürlich auch nicht so viel erwarten, aber ich erinnere mich an ein Seminar in Berlin, dass ich einige Jahrzehnte später zum Thema Comedy geleitet habe. Eine renommierte Hochschule für Film-und Fernsehschaffende hatte mich engagiert, um an bereits mit einem anderen Dozenten geprobten Vorsprechrollen einer Gruppe von Schauspielern die komischen Aspekte herauszuarbeiten. Der andere Dozent war eine von mir sehr bewunderte Schauspielerin, (nennen wir sie Mrs. X) der Berliner Schaubühne, die sogar in Peter Steins legendärer Inszenierung von Tschechows *Der Kirschgarten* eine wichtige Rolle gespielt hatte, ja aus meiner Sicht war sie dort sogar die beste gewesen. Was die Komik anbetraf, schien Mrs. X jedoch davon eher eine geringschätzige Meinung zu haben, die ja sehr weit verbreitet ist („es ist ja *nur* Komik“) und meinte (vielleicht nur halbernst, aber es zeigte die grundsätzliche Haltung), wenn ich in die von ihr geprobten Szenen noch ein paar rutschende Hosen reininszenierte, wäre die Sache damit wohl erledigt.

Dass das Unsinn ist, weiß jeder, der schon mal als Comedian auf einer Bühne stand oder versucht hat, einen komischen Text zu schreiben. Dennoch ist die Geringschätzung des komischen Handwerks allgegenwärtig. Es ist kein Zufall, dass praktisch nie ein Schauspieler in einer komischen Rolle oder einer Komödie mit einem Oscar ausgezeichnet wurde und wird. Die Meinung „Tragik ist Kunst, aber Komik ist nur billiger Mumpitz“ ist die Regel. Dennoch ist sie falsch. Wie sagte schon bereits der große Mime Edmund Gwenn auf dem Sterbebett:

„Dying is easy, Comedy is hard.“

Bevor es losgeht, noch schnell einige Fachbegriffe, die Schauspieler und Regisseure, die sich mit Komik befassen, kennen sollten:

Corpsing

Ein unstillbarer Lachkrampf, der Schauspieler auf Proben oder bei Dreharbeiten befällt. Je mehr sie versuchen, sich zum Ernst-Sein zu zwingen, desto schlimmer wird es.

Gegenmittel: Übertriebenes Grinsen aufsetzen und warten, bis es vergeht.

Detonatorword

Das entscheidende Wort eines Gags, das Wort, bei dem gelacht wird. Es sollte so spät wie möglich im Satz kommen, möglichst als letztes. Hier kann es ratsam sein, Texte (insbesondere, wenn sie aus einer anderen Sprache übersetzt wurden) zu ändern.

Doubletake

Komödiantische Spieltechnik, bei der jemand zunächst etwas gleichmütig hinnimmt und dessen wahre Bedeutung erst eine Sekunde später um so überraschter bemerkt. Sehr oft verwendet von Oliver Hardy.

Es gibt auch eine moderne Variante des Doubletakes, die im Gegensatz zur klassischen sehr viel realistischer und glaubwürdiger, aber nicht weniger komisch ist. Ein schönes Beispiel ist in der TV-Serie *Extras* von und mit

Ricky Gervais zu beobachten: Ein übermäßig von sich selbst eingenommener Schauspieler erzählt der von Gervais verkörperten Figur, dass er die geheime Insider-information hätte, dass die Abkürzung SAS (in etwa vergleichbar mit der deutschen GSG 9) nicht, wie ja alle dächten „Special Air Service“ bedeute, sondern in Wahrheit „Super Army Soldiers“. Gervais lacht höflich über den vermeintlichen Witz und dann erstirbt sein Lachen, als ihm bewusst wird, dass sein Gegenüber dies ernst meint.

Fallhöhe – Das Kernprinzip aller Komik

Der Unterschied zwischen Anspruch und Wirklichkeit. Beispielsweise hat der König den Anspruch, eine würdige Respektsperson zu sein; wenn er aber auf einer Bananenschale ausrutscht, ist es aus mit seiner Würde.

Jede Form der Komik enthält eine Fallhöhe, nur ist diese oft sehr schwer zu entdecken. Nicht immer erscheint die „Höhe“ als Person.

Allgemein lässt sich sagen, Sie besteht aus etwas allgemein Respektiertem (wobei auch dieser Respekt nicht unbedingt positiv sein muss. Auch Dinge, die man hasst oder fürchtet, werden in gewisser Weise respektiert), das plötzlich abstürzt.

(Die komische Fallhöhe ist nicht identisch mit derjenigen, von der Charles Batteaux in seiner Abhandlung über das bürgerliche Trauerspiel spricht, und die für ihn darin besteht, dass nur Personen des Adels so tief fallen können, dass es tragisch ist, während Vertreter des Bürgertums (und darunter) gar nicht genug zu verlieren hätten, als dass ihr Fall tragisch sein könnte. Shakespeare sah es wohl genauso. Seine Tragödien handeln von Adeligen, seine Komödien nicht.)

Funny Bones

Wer Funny Bones (komische Knochen) besitzt, hat die Komik im Blut. Er hat ein Gespür dafür, wie man alles ins Komische wenden kann.

Hommage

Zitate (textlicher, bildlicher oder akustischer Art), die in Deiner Arbeit vorkommt und die Du Werken anderer Künstler entnommen hast. Nicht zu verwechseln mit Diebstahl. Denn während Du beim Diebstahl hoffst, dass keiner das Original kennt (Lass es! Irgendwer kennt es immer.), ist die Hommage, wie auch die Parodie, nur dann wirksam, *wenn(!)* das Publikum das Original kennt.

Pointe

Die entscheidende Information eines Gags oder Witzes, die den
Lacher auslöst.

Running Gag

Ein Gag, der mindestens dreimal auftaucht. Immer in der gleichen Form oder leicht variiert. Hat durch seinen Leitmotiv-Charakter mehr Gewicht als Einzelgags, so dass sich die letzte Wiederholung eines Running Gags auch sehr gut als Schlusspointe eignet. Es ist daher ein guter Ausweg, wenn einem keine gute Schlusspointe einfällt, einen Gag, der relativ zu Anfang kommt, zum Running Gag auszubauen.

Set

Der Ort, wo gedreht wird.

Sitcom

Abkürzung für **Sit**uations-**Com**edy im Fernsehen. Bekannte Beispiele: *Seinfeld, Yes Minister, Cheers, Frasier, The Big Bang Theory, Eine schrecklich nette Familie, Alf, Friends, Blackadder, 30 Rock, The Office, Stromberg, Veep.*

Straight Man

Viele Comedy-Teams bestehen aus einem Komiker und einem Straight Man, wobei letzterer „normal“ und erwachsen spricht und handelt und somit den Kontrast zum Komiker bildet, oft auch nur als Stichwortgeber für diesen. Z. B. Dean Martin (für Jerry Lewis), Preil (für Herricht), Lisl

Karlstadt (für Karl Valentin), Bud Abbot für Lou Costello, Kurt Schmidtchen (für Dieter Hallervorden) und in manchen Szenen Oliver Hardy (für Stan Laurel), sowie Chico Marx (für Harpo und Groucho Marx).

Oft ist der Straight Man eines Comedy-Teams genauso populär wie der Komiker und Lou Costello ging sogar soweit, darauf zu bestehen, dass die Gagen 60 zu 40 zugunsten seines Straight-Mans, Abbott aufgeteilt wurden. Seine Begründung: „Gute Komiker gibt es wie Sand am Meer, aber gute Straight Men sind selten.“

Timing

Ein musikalisches Gefühl für Komik, das einen Schauspieler oder Comedian befähigt, seine Pointen im exakt richtigen Moment zu setzen. Schon eine halbe Sekunde zu spät oder zu früh kann alles zunichte machen.

Teil 1

Wie man *nicht* komisch ist

A Der Todfeind der Komik

Bevor wir uns ansehen, wie man komisch wird, müssen wir einen Blick auf das werfen, was dies am zuverlässigsten verhindert.

Man kann noch so komisch sein wollen, es wird (außer bei einem *in sich* komischen Text und auch dort weniger gut) nicht funktionieren, wenn man *eine* bestimmte Charaktereigenschaft mit auf die Bühne oder vor die Kamera nimmt: Was grünes Kryptonit für Superman ist, ist für den Schauspieler, der komisch sein will – die Eitelkeit.

Hast Du Dich schon mal gefragt warum die lustigsten Schauspieler nicht Leute wie Cary Grant, Grace Kelly, Roger Moore, Brad Pitt oder George Clooney sind, sondern solche wie Jerry Lewis, Woody Allen, Rowan Atkinson oder Melissa McCarthy?

Zum einen liegt es wohl in ihrer Biographie begründet. Auch wenn es vielfach geleugnet wird (in erster Linie von gutaussehenden Menschen) gutaussehende Menschen haben es leichter im Leben. Natürlich haben auch sie mitunter schwere Probleme, aber sie sind oft beliebter, wirken glaubwürdiger und klüger und müssen sich weniger anstrengen, um von anderen das zu bekommen, was sie wollen. Die Menschen hingegen, die weniger dem aktuellen Schönheitsideal entsprechen, müssen schon in irgendetwas gut sein, wenn sie vergleichbare Erfolge ebenfalls erzielen wollen. Sie müssen es irgendwie kompensieren. Mit herausragenden sportlichen Leistungen, Fachwissen, besonders ausgeprägter Freundlichkeit oder etwas anderem. Eine dieser Möglichkeiten besteht darin, andere zum Lachen zu bringen.

Das ist natürlich nur eine grob vereinfachende Beschreibung, von der es viele Ausnahmen gibt. Tony Curtis oder Tina Fey zum Beispiel sehen sehr gut aus und sind dennoch sehr komisch. Allerdings stammt Curtis, wie viele Komödianten aus ärmlichsten Verhältnissen und musste in jungen Jahren erleben, dass sein Bruder von der Straßenbahn überfahren wurde, während Tina Fey (wie sie in ihrer Biographie *Bossypants – Haben Männer Humor?* berichtet) von einem Mitschüler mit einem Messer eine lange Narbe im Gesicht zugefügt wurde. Auch wenn man das in ihren Filmen und TV-Serien ziemlich gut kaschiert und man es erst bemerkt, wenn man es weiß, dürfte das bei dem jungen Mädchen für einigen psychischen Schaden gesorgt haben.

Im Showbusiness verstärkt sich das Phänomen, dass die Gutaussehenden es leichter haben, noch um ein Vielfaches. Was gibt es für schwache Schauspieler, die aber gut aussehen und dennoch eine Hauptrolle nach der anderen spielen. Hier sei noch einmal der, dennoch von mir hochgeschätzte Roger Moore genannt, der das übrigens auch immer wieder offen zugab und von sich sagte, er hätte nur zwei Gesichtsausdrücke zur Verfügung.

Wer also nicht so aussieht, dass schon der Anblick ausreicht, damit die Zuschauer Lust haben, einen zu sehen, hat zwei Möglichkeiten: Charakterdarsteller oder Komödiant (die Übergänge sind natürlich fließend). Wer sich in diesem Genre halten will – und nicht ein unersetzbarer Typ ist, wie zum Beispiel der zwei Meter zwanzig große Richard Kiel, der in zwei Bondfilmen den Killer Beißer spielte – der muss wirklich etwas können.

Wer hingegen, wie Woody Allen oder Theo Lingen, aufgrund seiner äußeren Erscheinung von vornherein sowieso nie die Chance hatte, den jugendlichen Liebhaber oder den Helden zu spielen, tut sich natürlich leichter, seine Rollen komisch anzulegen, als jemand, der diese Möglichkeit durchaus hat. Also: Lass fahren dahin alle Eitelkeit, sie steht Dir auf Deinem Weg zur Komik nur im Wege, denn **Komik wird erreicht durch die Betonung negativer Eigenschaften.**
(Dass die von Dir gespielte komische *Figur,* im Gegensatz zu *Dir*, sehr wohl eitel sein darf und dass vielleicht gerade dadurch die Komik zustande kommt, steht auf einem anderen Blatt.)

Die gute Nachricht ist: Wenn Du nicht die leiseste Ahnung hast, wie man komisch ist, siehst Du dafür höchstwahrscheinlich einfach zu gut aus.

B Don't send in the Clowns

Das am weitesten – teilweise sogar unter gestandenen Profis – verbreitete Missverständnis in Bezug auf Komik ist, dass ein Komödiant lustige Sachen macht.

FALSCH!

Der Komödiant macht ganz normale Sachen –

aber auf eine lustige Art.

In diesem Zusammenhang muss ein äußerst ernstes Problem angesprochen werden: Clowns.

Der gemeine Zirkusclown ist meistens so ziemlich das Unlustigste was es gibt. Er ist allenfalls für kleine Kinder amüsant. (Natürlich gab und gibt es auch in diesem Metier absolute Meister, aber von denen ist hier nicht die Rede.) Was die Clowns nicht verstanden haben, ist das Prinzip der Fallhöhe. Wenn Charlie Chaplin einem Polizisten, also einer Respektsperson, in den Hintern tritt, ist das komisch. Die Würde des Polizisten wird mit einem Schlag vernichtet. Ein Mann in einem aufgeblähtem roten Ganzkörpersack mit gelben Tupfen, gigantischen Schuhen, abstehenden roten Haaren, einer roten runden Nase und einem winzigen Hut hingegen, *hat* aber keine Würde, die er verlieren könnte.

Dabei ist das Kostüm eigentlich durchaus komisch. Wahrscheinlich ist es ursprünglich aus zwei richtigen Überlegungen heraus entstanden. Zum einem, damit die Zuschauer, besonders die Kinder wissen, dass den Künstlern bei all ihren Stürzen und anderen gefährlichen Sachen nicht wirklich etwas passiert, weil es, wie man an den Kostümen sieht, nicht die Realität ist, was eine Voraussetzung dafür ist, dass die Leute darüber lachen können. Zum anderen sollen die Zuschauer beim Anblick eines solchen Mannes, der so ganz anders aussieht als alle anderen Männer, lachen und sofort wissen: „Achtung! Jetzt wird's lustig!“ Früher bestand die Fallhöhe darin, dass sich ein Mann überhaupt so ausstaffiert. Das war lustig. Heute kennen wir Clowns und wenn wir einen sehen, ist es keine Überraschung mehr.

Lustig wäre es heute nur, wenn das in einen ernsten Kontext gestellt würde. Wenn beispielsweise einem Pfarrer seine geistliche Kleidung gestohlen würde, er aber eine Beerdigung abhalten muss, und ihm nichts anderes übrigbleibt, als ein noch herumliegendes Clownskostüm vom Kirchenfest anzuziehen. Nun müsste er aufgrund dieses unpassenden Aufzuges sogar besonders ernst und seriös auftreten, um die Situation zu retten. Das könnte extrem witzig sein.

Bei dem, was Clowns so tun, wäre es hingegen viel lustiger, wenn sie elegante Anzüge tragen würden. Wenn ein Anzugträger auf einer Bananenschale ausrutscht, mit Wasser übergossen wird oder eine Torte ins Gesicht bekommt, ist es viel lustiger, als wenn dies einem Clown passiert.

Clowns sind im Grunde genommen ein Relikt aus früheren Zeiten. Wenn man früher einen Komiker sehen wollte, gab es nichts Besseres, weil es eben *gar nichts* anderes gab. Dementsprechend waren damals auch die Ansprüche des Publikums geringer. Aber wie alles andere, hat sich auch die Komik weiterentwickelt und wurde differenzierter und raffinierter. Im Mittelalter war man froh, wenn man gekochte Rüben und Hirsebrei zum Essen hatte. Wer will, kann das heute immer noch essen, aber da man die Auswahl zwischen tausenden von anderen Nahrungsmitteln hat, tun es nur die wenigsten und aus dem gleichen Grund ist der Clown ein zu Recht aussterbender Beruf.

C Weniger ist mehr

Wenn Komik wirken will, braucht es immer den ernsten Kontrast. Aus diesem Grund gibt es zum Beispiel tausende von Comedy-Duos, bei denen der eine der lustige Idiot (Comedian) ist und der andere der seriöse Normale (Straight Man). Beispiele dafür sind Jerry Lewis und Dean Martin, Ernie und Bert aus der Sesamstraße, Dieter Hallervorden und Kurt Schmidtchen, Karl Valentin und Lisl Karlstadt, Herricht und Preil, die Marx-Brothers und Margaret Dumont oder auch Laurel und Hardy, wobei Oliver Hardy auch gleichzeitig ein Komiker ist. Dennoch ist er nicht so dumm wie Laurel und – zumindest im Vergleich zu ihm – oft fast normal. Der Ernste stellt immer die normale Welt dar, er ist in etwa so wie der Zuschauer (allerdings völlig humorlos). Dies ist notwendig, um eine Fallhöhe zu haben.

Auch in jeder Komödie muss es immer ein ernstes Umfeld geben.

Die Naturgesetze müssen grundsätzlich gelten und auch das Strafgesetzbuch oder andere gesellschaftliche Regeln. Zu sagen, „je irrer, desto besser" oder „wie können wir das jetzt nochmal toppen?", kann schnell in eine vollkommen unkomische Beliebigkeit führen. Wenn man auf eine leckere Pizza auch noch köstlichen Vanillepudding draufpackt, wird die dadurch ja auch nicht *noch besser,* sondern man ruiniert beides.

Wenn Stan Laurel seine Hand als Feuerzeug benutzt und tatsächlich eine Flamme entsteht, dann kommentiert Oliver Hardy dies mit einem fassungslosen Blick. Nur *so* ist es komisch. Würde er das für normal halten, müsste der Zuschauer davon ausgehen, dass dies irgendeine verrückte Parallelwelt mit unbekannten Regeln ist. Das ist nicht lustig, sondern verwirrend. Der Komödiant kann verrückte Dinge tun, die Welt um ihn herum, kann vielleicht skurril sein, muss aber im Rahmen des Bekannten und Glaubhaften bleiben. Beispiele für die Verletzung dieser Regel sind die TV-Serien *Ally Mc Beal* und *Boston Legal*, beide von dem Produzenten und Autor David E. Kelley. Diese beiden Anwalts-Serien fangen großartig an, haben viele skurrile Charaktere und Situationen. Dennoch *könnte* alles dort Gezeigte in der Realität so passieren. Doch aus irgendeinem Grund verliert Kelley dann mit der Zeit jedes Mal die Bodenhaftung und glaubt, sich permanent noch steigern zu müssen. Die Verhaltensweisen der Figuren werden mit fortschreitender Episodenzahl immer abstruser und unglaubwürdiger und damit die gesamte Handlung und irgendwann ist das Ganze nur noch ein beliebiges Chaos, in dem keine Regeln mehr gelten. Es ist eine Irrenanstalt und keine Komödie. Man verliert das Interesse.

Noch einmal: Die Zuschauer müssen sich an irgendetwas halten können. Harpo Marx holt eine Tasse heißen Kaffees aus seiner Manteltasche? Okay, aber abgesehen davon gelten die Naturgesetze um ihn herum und er ist der Einzige, der so etwas tut.

Alle Figuren in einer Feydeau-Komödie haben auf die eine oder andere Weise eine Meise? Okay, unwahrscheinlich – aber möglich. Dennoch leben sie in einer Welt, in der strenge moralische Regeln gelten, Regeln, die sie zwar vielleicht brechen, aber nicht einfach so – bedenkenlos – sondern mit Angst oder mit List und Tücke.

In der Komödie gilt: Wahnsinn ist gut, aber bitte in einem geregelten und für den Zuschauer nachvollziehbaren Umfeld.

Der absolute Meister in diesem Metier ist John Cleese, der in seiner legendären Sitcom *Fawlty Towers* immer gerade noch einen tausendstel Millimeter unter dem bleibt, was in der Realität nicht mehr passieren könnte und dabei glaubwürdig (!) maximalen Wahnsinn hineinpackt.

D Lachen verboten

Zuschauer lachen oft an den falschen Stellen. Besonders im Kino oder bei Live-Comedians hört man es des Öfteren. Ein Publikum, das von einer Komödie gefangen ist, lacht irgendwann über alles. Auch über das, was gar nicht komisch gemeint ist. Andererseits hört man auch zuweilen bei Kino-Komödien, die nicht besonders lustig sind, aber mit sehr beliebten Hauptdarstellern aufwarten können, eine Art trotziges Lachen, das der finsteren Entschlossenheit entspringt, diesen schwachen Film um jeden Preis lustig zu finden.

Die Macher des Films wird es letztlich freuen, denn wie heißt es schon in Ernst Lubitschs Meisterwerk *Sein oder Nichtsein*: „Einen Lacher soll man nie verachten." Sei er nun verdient oder nicht. In gewisser Weise *sind* solche Lacher sogar verdient, nur eben mit früheren Leistungen.

Doch von den Lachern der Zuschauer soll hier nicht die Rede sein, sondern von denen der Schauspieler.

Ist Dir schon mal aufgefallen, dass in vielen Sitcoms die Figuren ständig witzige Bemerkungen von sich geben, aber alle anderen so tun, als wenn nichts wäre und sie entweder überhören oder so darauf reagieren, als wären sie völlig normal?

Das ist seltsam, aber sinnvoll, denn es gibt eine eiserne Regel:

Wenn der Schauspieler lacht, lacht der Zuschauer nicht.

Den meisten Schauspielern und Regisseuren ist dies (teils vielleicht unterbewusst) klar und sie beachten diese Regel. Am berühmtesten für deren Beachtung ist der Komiker Buster Keaton, der nie eine Miene verzog und darum oft mit dem respektvollen Namen „the great Stoneface“ bzw. in Deutschland mit „der Mann, der niemals lachte“ bezeichnet wurde.

Wie ungünstig es wirkt, wenn man als Schauspieler über die Gags seines Partners lacht, kann man in einigen Komödien der Marx Brothers besichtigen. In mehreren ihrer Filme taucht Margaret Dumont als reiche Dame der Gesellschaft auf. Groucho Marx hat später an verschiedenen Stellen erzählt, dass Margaret Dumont die Komik der Marx Brothers nie verstanden habe, was unter anderen dazu führte, dass sie in manchen Szenen über die komischen Beleidigungen, die Groucho ihr an den Kopf wirft, **in ihrer Figur** lacht und damit der Szene erheblich schadet. Komisch wäre es nur, wenn ihre Figur, wie sonst auch, empört oder beleidigt gewesen wäre oder es ignoriert hätte. Indem sie lachte, nahm sie Grouchos Witzen die Schärfe, wodurch diese weniger komisch wurden.

Auch in der *Dean-Martin-Show* konnte man so etwas leider sehen. Martin spielte hier oft Sketche mit seinen Gaststars und brach dabei oft vor laufender Kamera in Gelächter über seinen eigenen Text aus, wobei ich hier den starken Verdacht habe, dass dies sogar Absicht war. Martin war ein absoluter Vollprofi, der sich das Image des immer halb betrunkenen, sorglosen Hallodris zugelegt hatte, der scheinbar zu faul war, seinen Text zu lernen und deshalb alles von großen Papptafeln ablas, oft so, indem er die Augen zusammenkniff und sich ostentativ vorbeugte, um ihn entziffern zu können. Die Wirklichkeit sah anders aus. Martin war nie betrunken, wenn er drehte und beherrschte auch seinen Text perfekt. Er wusste allerdings, dass die von ihm entwickelte Kunstfigur, die scheinbar nichts ernst nahm, beim Publikum extrem gut ankam. (Zu seiner Glanzzeit war Dean Martin der bestbezahlte Star der Welt.) Zweifellos hatte er, vielleicht als es einmal *wirklich* geschah, gemerkt, dass es das Publikum amüsierte, wenn er selbst über die Gags im Text lachte. Er sagte damit im Grunde nichts anderes als: „Auch wenn ich ein megareicher Superstar bin, letztlich bin ich doch auch nicht anders als Ihr" und das fanden viele sympathisch. Aus seiner Sicht ein erfolgreiches Konzept. Gut für sein Image – aber schlecht für den Sketch. Indem Martin auf diese Weise billige Lacher erzielte – denn Destruktivität kommt immer gut an – blieb der eigentliche Sketch dabei auf der Strecke.

Doch wie meistens gilt auch hier: Keine Regel ohne Ausnahme. Unter gewissen Umständen darf ein Schauspieler *sehr wohl* lachen, nämlich dann, wenn eine Figur in der Handlung einen Witz erzählt und, noch wichtiger, auch immer dann, wenn das Lachen – oder auch die spezielle

Art dieses Lachens – eine eigene Geschichte erzählt und selbst Komik erzeugt.

In der wunderbaren Ernst-Lubitsch-Komödie *Blaubarts achte Frau* heckt Gary Cooper einen, wie er meint, raffinierten Plan aus, um seine widerspenstige Ehefrau, gespielt von Claudette Colbert, kleinzukriegen. Leider weiß er, im Gegensatz zum Zuschauer, nicht, dass sie seinen Plan längst durchschaut und Gegenmaßnahmen eingeleitet hat. Er erzählt ihr also einige Lügen und verlässt in triumphierender Vorfreude lachend das Zimmer. Sie tut so, als ob sie ihm glaubt und stimmt in sein Lachen ein. Zumindest denkt er das, in Wahrheit lacht sie ihn aus. Das ist eine sehr komische Szene, weil er nicht ahnt, dass sein Lachen nicht wie er denkt seinen Triumph ankündigt, sondern seine Niederlage.

In Charlie Chaplins Spätwerk *Ein König in New York* hingegen, lässt sich die von Chaplin gespielte Figur, der aus seinem Land vor der Revolution geflohene König Shadov, zu Auftritten in Fernsehwerbespots und auch zu einer vorherigen Schönheitsoperation überreden. Nach der OP sieht er zwar jünger aus, aber sein Gesicht ist nun so unbeweglich, dass er nicht mehr das für die Werbung zwingend erforderliche Lächeln aufsetzen kann. Die Szene, in der er völlig freudlos verschiedene Varianten zu Lachen ausprobiert – eine ist kläglicher als die andere – ist eine der lustigsten Szenen des Films.

In der Blake-Edwards-Komödie *Das große Rennen rund um die Welt* spielt Jack Lemmon eine Doppelrolle. Den diabolisch-erfolglosen Professor Fate und auch den debilen Monarchen eines Operetten-Zwergstaates, Prinz Hapnik. Beide erzeugen durch die Art ihres Lachens große Komik. Professor Fate erfreut sich permanent lachend an seiner eigenen teuflischen Genialität, die sich stets gegen seinen von Tony Curtis gespielten Konkurrenten, den Großen Leslie, richtet, ihm am Ende aber immer selbst zum Verhängnis wird und Prinz Hapnicks Lachen zeugt in seiner Art von absoluter Debilität und Dekadenz.

In einer der intelligentesten Szenen der Sitcom *Parks and Recreation – Das Grünflächenamt*, dürfen alle Mitarbeiter des Amts eine Projekt-Idee vorstellen. Alle Ideen sind schlecht. Lediglich eine, und zwar die von dem am wenigsten angesehenen Mitarbeiter, ist brillant. Nur leider spricht er am Anfang seines Vortrages ein Wort falsch aus, woraufhin ihn alle auslachen, sich gar nicht mehr einkriegen können und dabei die Großartigkeit seines Vorschlages völlig übersehen. Obwohl bzw. *weil* sie sich über ihn lustig machen, bemerkt der Zuschauer, dass in Wahrheit sie selbst die Idioten sind.

In allen diesen Beispielen dient das Lachen der Handlung und – und das ist das Entscheidende – arbeitet *gegen* die Figuren, die lachen. In all diesen Fällen gibt es nämlich eigentlich gar nichts zu lachen.

Teil 2

Wie man einer Rolle Komik verleiht

1 Herangehensweise über die Figur

A Theorie

Wenn Du Dir aus diesem Buch nur *einen* Satz merkst, dann diesen:

Nur Negatives kann komisch sein.

Eine der erfolgreichsten komischen Figuren der Welt ist Mr. Bean. Sein Erfolg beruht auf mehreren Eigenschaften dieser Serie. Zum einen ist die Figur von Rowan Atkinson brillant dargestellt, zum anderen sind die Geschichten minutiös ausgearbeitet und intelligent. Der dritte Punkt ist die Vielseitigkeit von Mr. Bean. Er ist nicht nur naiv, er ist auch unverschämt, egoistisch, faul, unsensibel, hinterhältig, ungeschickt, geizig, und viele anderes. Nicht alles im selben Sketch, sondern je nach Bedarf. Im Prinzip hat er jede beliebige schlechte Eigenschaft, die nur vorstellbar ist.

Viele andere komische Figuren hingegen sind sehr holzschnittartig angelegt, mit nur wenigen Eigenschaften, das kann schnell langweilig werden. Muss aber nicht, die Figuren der Commedia dell'arte, die simple Archetypen sind, funktionieren seit Jahrhunderten immer wieder.

Solange die Figur, die Du spielst, attraktiv, mutig, freundlich, altruistisch, klug, charmant, heldenhaft oder etwas anderes in dieser Art ist und nicht zusätzlich mindestens *eine* negative Eigenschaft besitzt, kannst und wirst Du nicht komisch sein.

Übrigens müssen die negativen Eigenschaften einer komischen Figur nicht immer unbedingt **per se** negativ sein. Auch Müdigkeit, Traurigkeit, Schüchternheit oder sogar Verliebtheit können **in einem bestimmten vorgegebenen Kontext** negativ sein, nämlich immer dann, *wenn sie die Figur behindern*, *das zu tun, was sie* eigentlich *tun will*, also wenn sie sich *für sie* negativ auswirken.

In dem Inspektor-Clouseau Film *Ein Schuss im Dunkeln* (der beste Film der Clouseau-Reihe) vermutet der Inspektor, dass ein Mann, der ein Verhältnis mit einer jungen Frau namens Maria Gambrelli (dargestellt von Elke Sommer) unterhielt, von ihrem festen Freund aus Eifersucht ermordet wurde. Clouseaus Assistent glaubt nicht daran. Er findet nicht, dass das als Mord-motiv ausreicht und fragt den Inspector voller Skepsis:

„Würden *Sie* für Maria Gambrelli töten?“

Clouseau, der sich schon bei seinem Verhör von Maria Gambrelli in diese verliebt hat, antwortet augenblicklich mit einem leidenschaftlichen:

„Natürlich!“

Erst nach einer Schrecksekunde merkt er, was er gesagt hat und fügt hinzu:

„...nicht!“

Also, wenn Du vor dem Zuschauer angeben willst, wie toll und perfekt Du bist (wie beispielsweise sehr viele Jungschauspieler, die frisch von der Schauspielschule kommen), kann und wird keine Komik entstehen.

Was Deine Figur für eine schlechte Eigenschaft hat, bleibt zunächst Dir überlassen. Allerdings sollte diese nicht im Gegensatz zur eigentlichen Figur stehen. Wenn Du Molieres *Geizigen* spielst, solltest Du ihn logischerweise nicht als jemanden darstellen, der übertrieben verschwenderisch oder übertrieben selbstlos ist. Beide Eigenschaften sind zwar durchaus geeignet, um komische Effekte zu erzielen, aber die eigentliche Figur des Geizigen ist so nicht mehr darstellbar.

Was sich hingegen anbietet, sind weitere negative Charaktereigenschaften, welche den Geiz unterstützen, zum Beispiel Misstrauen, Kleinlichkeit, Pedanterie oder Menschenfeindlichkeit.

Aber warum dort haltmachen? Der Geizige kann auch andere Eigenschaften haben, die für Komik sorgen, die aber nichts mit dem Geiz zu tun haben. Eine spezielle Art Wörter zu betonen, Kurzsichtigkeit, einen nervösen Tick, Eitelkeit ... Es gibt zahlreiche Möglichkeiten, darunter auch welche, die man zunächst gar nicht erwarten würde, denn der Komödiant muss nicht unbedingt eine Person mit Eigenschaften spielen, die per se schlecht sind.

Wenn Du Dir aus diesem Buch nur *einen* Satz merkst, dann den folgenden:

Auch Eigenschaften, die eigentlich positiv sind,

lassen sich ins Negative wenden.

Von der britischen Komikertruppe Monty Python gibt es einen Sketch mit dem Namen *Die verschmutzte Gabel* (enthalten in dem Film *Monty Python's wunderbare Welt der Schwerkraft/And now for something completely different*), als auch in ihrer TV-Serie *Monty Python's Flying Circus*. Darin beklagt sich ein Gast in einem Luxusrestaurant, dass er eine leicht verschmutzte Gabel erhalten habe. Nun gibt es ja ein ganzes Genre von Witzen, in denen Kellner berechtigte Beschwerden eines Gastes mit rüden, aber witzigen Kommentaren abfertigen. Also mit einem überaus unhöflichen, unprofessionellen und somit negativen Verhalten. So sollte ein guter Kellner nicht agieren und darum ist es komisch.

Dieser Sketch geht allerdings – wie viele Monty-Python-Sketche – wesentlich raffinierter zu Werke. Dieser Kellner ist keineswegs unhöflich, im Gegenteil, er ist sehr zuvorkommend und nimmt die Beschwerde sehr ernst. *Zu* ernst! Er ist geradezu entsetzt über die verschmutzte Gabel, entschuldigt sich untertänigst und besteht darauf, sofort den Oberkellner zu holen (worauf der Gast, der nur eine neue Gabel möchte, gar keinen Wert legt). Der hinzueilende Oberkellner ist noch schockierter. Wütend befiehlt er, sofort das gesamte Waschpersonal zu entlassen; dann holt er den Geschäftsführer, welcher angesichts der verschmutzten Gabel in Tränen ausbricht, sie als das Ende seines Restaurants ansieht und sich zum Schluss mit besagter Gabel umbringt. Die Komik besteht darin, dass diese Restaurantangestellten ihren Job ZU ernst nehmen und es ZU gut machen wollen und dabei mehr Schaden als Nutzen anrichten. Das eigentlich Positive hat sich ins Negative verkehrt.

In einem anderen Monty-Python-Sketch erkundigt sich John Cleese alle paar Sekunden bei seiner Freundin, ob er sie mit irgendwas nervt. Eigentlich ist er sehr rücksichtsvoll, was ja etwas Gutes ist, aber er übertreibt es und nervt sie gerade mit seiner Dauerrücksicht.

Oder denken wir an einen anderen Klassiker: *Monty Python and the Holy Grail/Die Ritter der Kokosnuss*: King Arthur kämpft gegen den Schwarzen Ritter und schlägt ihm nach und nach mit dem Schwert beide Arme und Beine ab. Dies entmutigt den Schwarzen Ritter jedoch keineswegs. Nach jedem verlorenen Körperteil wird er noch siegesgewisser, meint, es wäre nur eine „Fleischwunde“ und verspottet Arthur, der gar nicht weiterkämpfen will, als Feigling. Normalerweise ist es natürlich eine gute Eigenschaft, wenn man sich von Rückschlägen nicht entmutigen lässt, aber in dieser extremen Form ist es nur noch Größenwahn und pure Dummheit – und komisch.

In der Sitcom *The Office – An American Workplace* sucht eine dreiköpfige Findungskommission einen neuen Manager für die Scranton-Filiale des Papierherstellers Dunder-Mifflin. Einer der Bewerber ist der von James Spader brillant verkörperte Robert California. Dieser tritt, obwohl er ja der Bewerber ist, derart gelassen, selbstbewusst und überlegen auf, dass die Kommissionsmitglieder sich geradezu eingeschüchtert verhalten und sich ihm gegenüber wie Schuljungen fühlen. Sicher, Spaders Text steht so im Skript, aber er hätte ihn auch so bringen können, dass sein Selbstbewusstsein nur aufgesetzt und lächerlich gewirkt hätte, aber er spielt völlig überzeugend den selbstbewusstesten Menschen der Welt, was gleichzeitig gruselig und komisch ist.

Jede positive Eigenschaft kann also durch ein Übermaß davon ins Negative und damit ins Komische gewendet werden.

Es ist gut, mitfühlend mit anderen zu sein, wer jedoch beim Anblick einer toten Mücke jedes Mal in Tränen ausbricht, hat ein Problem.

Hier ein paar positive Eigenschaften, die in ihrer übersteigerten Form negativ sind und somit Quellen der Komik sein können:

Vernünftig: gefühllos, pedantisch, überrational

Sparsam: geizig

Vorsichtig: ängstlich, panisch, feige

Großzügig: maßlos verschwenderisch, selbst ruinierend

Mutig: bedenkenlos, dumm, fahrlässig, angeberisch

Attraktiv: eitel, eingebildet

Rücksichtsvoll: sich selbst aufgebend, nervig

Experte für etwas: Fachidiot, der sonst von nichts etwas versteht und alles durch diese Brille sieht.

Aber nicht immer muss es eine Steigerung sein. Es kann sich auch um eine Konsequenz daraus handeln. Zum Beispiel könnte jemand, der sehr intelligent ist, sich darauf einiges einbilden und dadurch gegenüber allen anderen ziemlich arrogant auftreten.

Nun haben natürlich viele Figuren schlechte Eigenschaften und sind trotzdem nicht komisch, denn

Alles Komische ist negativ,

aber nicht alles Negative ist komisch.

Othello wird vor Eifersucht zum Mörder. Das ist eindeutig negativ und dennoch völlig unkomisch. Das liegt aber nur daran, dass dieses Stück von Shakespeare als Tragödie gemeint ist **und auch so gespielt wird**. Hier geht es um eine todernste Handlung, die mehr oder weniger realistisch dargestellt wird. Man könnte allerdings *Othello* – wie überhaupt JEDEN ernsten Text – durchaus auch komisch spielen. Man stelle sich vor, Louis de Funes wäre Othello. Wie würde er reagieren, wenn Jago ihm gegenüber behauptet, Desdemona würde ihn betrügen?

„Nein!"
„Doch!"
„Oooh!"

Oder wie wär's mit Woody Allen als Othello? Er wäre zwar auch eifersüchtig, hätte aber wahrscheinlich viel zu viel Angst vor seinem Nebenbuhler und würde schnell gute Gründe finden, lieber nichts zu unternehmen.

Damit die negative Eigenschaft komisch wird, müssen noch einige wichtige Elemente hinzukommen:

Durchschaubarkeit

Die komische Figur kann sich nicht verstellen und wenn sie es dennoch versucht, tut sie es auf eine Weise, die der Zuschauer sofort durchschaut. Wenn zum Beispiel in *Fantomas gegen Interpol* eine große Ehrenfeier für Kommissar Juve, gespielt von Louis de Funes, veranstaltet wird und der ungeschickte Festredner Juves großartigen Leistungen würdigt, obwohl der Kommissar doch eigentlich nur „von kleiner Gestalt“ und „ein Dutzendgesicht“ sei, kann man im Gesicht von Kommissar Juve deutlich dessen wahren Gedanken ablesen. Wenn er gelobt wird, setzt er ein übermäßig bescheidenes Gesicht auf, beleidigt man ihn, versucht er, Haltung zu bewahren, doch beides gelingt Juve nicht. Man sieht nicht nur seinen riesigen Stolz, sondern auch seine Gekränktheit und die gescheiterten Versuche, beides zu verbergen. Das macht es komisch.

Fehlende Selbsterkenntnis

Die komische Figur weiß meistens nicht, dass mit ihr etwas nicht stimmt und hinterfragt sich nicht.

Sie hält sich für normal und würde niemals versuchen, etwas an sich zu ändern, stattdessen versucht sie, die Welt an sich anzupassen, was natürlich fast nie funktionieren kann. Oft bedeutet das, dass sie sich auch bei den extremsten, unvernünftigsten, dümmsten, amoralischsten Handlungen im Recht fühlt.

Aber es wäre beispielsweise auch eine extrem furchtsame Person denkbar, die sich zwar ihrer Furcht bewusst ist und auch darunter leidet, die aber dennoch niemals auf den Gedanken käme, an sich zu arbeiten oder falls doch, dann mit den falschen Methoden oder mit Zielen, die von vorneherein für sie unerreichbar sind. Ein weit verbreitetes Thema ist hierbei der Versuch, Frauen zu beeindrucken. In dem Woody-Allen-Film *Machs noch einmal, Sam* verkörpert Allen einen Loser, der bei Frauen nicht ankommt. Stattdessen sieht er ständig Filme, insbesondere den Klassiker *Casablanca* mit Humphrey Bogart, der ihm als der perfekte Mann erscheint. Schließlich erscheint ihm Bogart leibhaftig und verkündet ihm: „Es ist höchste Zeit, dass du mal umgepolt wirst." Von nun an gibt Bogart ihm Tipps, wie man sich als cooler Macho gegenüber Frauen verhält. Allen folgt seinen Ratschlägen gewissenhaft, nur leider kommen Bogart-Sprüche wie „Ich bin noch keiner Frau begegnet, die 'ne kräftige Ohrfeige oder 'n Wink mit der Wumme nicht kapiert hätte", bei Allen überhaupt nicht lässig rüber, sondern er wirkt dabei sogar noch lächerlicher als vorher, weil ihm einfach alle anderen Voraussetzungen für Coolness fehlen. Also, obwohl Allens Figur hier ein Defizit an sich bemerkt und auch versucht, etwas an sich zu ändern, versucht er nicht, an sich zu arbeiten, um männlicher zu *werden*, sondern er versucht nur, männlicher zu *erscheinen*, ohne sich selbst dabei zu ändern. Er doktert also nur an den Symptomen rum. Das *wahre* Problem, nämlich die ganze Art, wie er ist, erkennt er nicht.

Die komische Figur wirkt auf den Zuschauer niemals bedrohlich.

Erneut sei hier auf Louis de Funes verwiesen. In allen seinen Filmen spielt er autoritäre Respektspersonen, sehr oft strenge Firmenbesitzer, der seine Angestellten niedermacht. Seine Untergebenen haben oft durchaus Angst vor ihm, aber auf den Zuschauer wirken seine Wutausbrüche nicht furchterregend, sondern lächerlich. Überhaupt haben fast alle komischen Figuren etwas Kindliches. Sie mögen vom Alter her erwachsenen sein, aber emotional und/oder geistig sind sie Kinder geblieben. Besonders typische Beispiele dafür wären Stan Laurel, Jerry Lewis oder Mr. Bean.

Die komische Figur ist unsouverän.

Zwar kann es sein, dass andere Figuren unter den schlechten Eigenschaften der komischen Figur leiden, aber auf jeden Fall leidet sie selbst darunter. Nicht weil sie ihr bewusst wären, sondern weil diese Eigenschaften sie kontrollieren, die komische Figur ist ihnen ausgeliefert. Man könnte sagen, die komische Figur ist ihr eigenes Opfer.

Jemand, der an den richtigen Stellen spart, um sich dann beispielsweise einen schönen Urlaub leisten zu können, ist nicht komisch, jemand, für den das Sparen Selbstzweck ist und der selbst dann spart, wenn der Ertrag so minimal ist, dass man ihn gar nicht mehr messen kann oder der selbst in lebensbedrohlichen Situationen, nach der billigsten Variante sucht, schon. In einem Sketch mit Jack Benny (zu dessen komischen Eigenschaften Geiz gehörte) wird er von einem Straßenräuber mit den Worten „Geld oder Leben!" überfallen. Statt das Geld sofort rauszurücken, reagiert Benny mit einem unschlüssigen „Hm ..." und beginnt, die beiden Alternativen gegeneinander abzuwägen.

Wenn Louis de Funes seine Untergebenen zusammenscheißt, haben die zwar Angst vor ihm, aber nicht, weil die Art seines Anschisses bedrohlich wäre, sondern weil er ihr Chef ist und er sie zum Beispiel entlassen kann. Mit jedem Wutausbruch machen sich de Funes' Figuren lächerlich und zeigen, dass sie sich nicht unter Kontrolle haben und schon von belanglosen Kleinigkeiten getriggert werden können. Sie sind Opfer ihrer eigenen Emotionen. Wenn die von ihm gespielten Personen nicht, qua Amt, Macht über andere hätten, würden auch die anderen Figuren in den Filmen sie lächerlich finden.

Die komische Figur ist trotz allem verwundbar und liebenswert.

Egal ob Mr. Bean bei einem Examen schummelt, ob Michael Palin als stotternder Gangster Ken Pile in *Ein Fisch namens Wanda* immer neue Versuche unternimmt, eine alte Frau umzubringen und dabei jedes Mal versehentlich einen ihrer Schoßhunde tötet, woraufhin er furchtbare Gewissenbisse verspürt, da er ein großer Tierfreund ist, ob Felix Unger in *The Odd Couple* (deutscher Titel der Sitcom: *Männerwirtschaft*; deutscher Titel des Films: *Ein seltsames Paar*) mit seiner Pedanterie seinen Mitbewohner Oscar Madison in den Wahnsinn treibt oder sogar, wenn Charlie Chaplin in *Der große Diktator* Hitler darstellt, alle diese Figuren haben auch immer etwas Verwundbares und etwas Kindlich-Naives, was sie liebenswert macht, was nicht heißt, dass wir im realen Leben etwas mit ihr zu tun haben wollten, aber solange alles nur Fiktion ist, freuen wir uns, sie zu sehen. Ohne diese Eigenschaft kann keine Figur komisch sein.

Bleib im Stil des Werkes.

Auch wenn es mancher Rampensau und manch begnadeten Komödianten nicht gefallen mag, muss es dennoch gesagt werden: Die Komik in einem Film, Theaterstück, oder einer TV-Sendung sollte immer im Rahmen des Gesamtwerks bleiben und nicht stilistisch herausfallen. Zwar kann es, wie in der Operette *Die Fledermaus* eine einzelne Szene geben, wie die des

Auftrittes des Gerichtsdieners Frosch (die traditionell von einem Komiker gespielt und zu einer Glanznummer ausgebaut wird), aber sie ist kein grundsätzlicher Bruch mit dem Rest, der auch zahlreiche komische Stellen enthält.

So wäre es zum Beispiel keine gute Idee, in einer eleganten Komödie wie Oscar Wildes *Bunbury – Ernst sein ist alles* eine Hauptfigur zu besetzen, die so extrem wie Jim Carrey in *Dumm und Dümmer* oder *Ace Ventura – Ein tierischer Detektiv* agiert. Das wäre einfach zu viel des Guten und die zwei völlig unterschiedlichen Arten von Komik würden sich gegenseitig sabotieren, so dass am Ende *gar* nichts mehr komisch wäre.

Wie man es *nicht* machen sollte, kann man in *Mission: Impossible 7 – Dead Reckoning Teil 1* mit Tom Cruise besichtigen. In diesem Actionfilm, der zwar wie alle Filme dieser Reihe auch einige amüsante Momente enthält, aber insgesamt ernstgemeint ist, gibt es eine Szene, in welcher der von Cruise verkörperte Superagent Ethan Hunt ein Fluchtauto braucht. Mit seinem Smartphone ortet er ein vom Geheimdienst IMF bereitgestelltes Fahrzeug. Auf den ersten Blick scheint es sich um einen silbergrauen Sportwagen zu handeln, also genau die Sorte von Wagen, die man als Zuschauer erwarten würde, doch gleich darauf stellt sich heraus, dass es das Auto da*hinter* ist: ein winziger gelber Fiat 500, ein eher lächerliches Gefährt. Das wäre als Gag noch im Rahmen des übrigen Films, doch die folgende Minute, in der Ethan Hunt versucht, das vom IMF technisch modifizierte Auto in den Griff zu kriegen und dabei nach wenigen Metern voll gegen eine Mauer fährt und mehr noch sein konfuses Verhalten, passt weder zum restlichen Film noch zu der ansonsten immer souveränen Figur Ethan Hunt. Die Szene ist – für sich genommen – ziemlich lustig, aber in dieser Form gehört sie nicht in diesen Film und diese Filmreihe. Weniger wäre hier mehr gewesen.

Und nun ist es endlich soweit: Jetzt wird's ernst. Wir kommen jetzt zur Praxis.

B Praxis

Ernstmann und Lustigmann

Hier eine Textpassage aus einem fiktiven Theaterstück oder Film:

Eine Party. Viele Gäste.

Ernstmann (mit einem Glas Wein in der Hand) sieht seinen alten Schulfreund Lustigmann, der sich gerade am Buffet bedient und tritt auf ihn zu.

ERNSTMAN:

Hey, lange nicht gesehen, hab gehört, du hast eine Firma gegründet. Wie läufts denn so?

LUSTIGMANN:

Sehr gut.

Hm. Das ist nun *gar* nicht lustig. Doch was würdest Du schätzen? Wie viele Arten gibt es, das lustig darzustellen?

A Keine

B 1-2

C 3-8

D 9-unendlich viele

Richtig: D. Unendlich viele.

Zugegeben: Der Text ist knochentrocken, aber dennoch ist es machbar, beispielsweise über die Art, *wie* unser Freund „Lustigmann“ die Frage beantwortet.

Aber *wie*???

Wenn Du Dir aus diesem Buch nur *eine* Sache merkst, dann diese hier:

Komik ist Form!

Inhalt ist nichts!

Form ist alles!

Das kann man gar nicht oft und stark genug betonen!

Anders gesagt: Es geht in der Komik nicht um das *Was*, es geht um das *Wie*.

Wie bei einer Zwiebel, von der, nachdem man Schicht um Schicht entfernt hat, nichts mehr übrigbleibt, so ist auch die Komik verschwunden, wenn wir die Form vom Inhalt lösen. Wenn beispielsweise Harald Schmidt sagt: „Pavarotti – das sind zwei von den drei Tenören..." dann ist das lustig. Doch was ist der Inhalt dieses Gags? Antwort: Pavarotti ist so dick wie die zwei anderen Tenöre zusammen. Wenn wir es jedoch *so* formulieren würden, ist das einfach eine Tatsache und nicht mal mehr ansatzweise lustig – obwohl der Inhalt genau derselbe ist.

Aus diesem Grund geht es auch fast immer schief, wenn man jemandem eine lustige Stelle aus einem Film erzählen will, denn man transportiert dabei nur den Inhalt und nicht die Form. Auch erklärt es, warum viele Leute keine Witze erzählen können, es nützt nichts, den Inhalt oder sogar den exakten Wortlaut des Witzes wiedergeben zu können, nur in der richtigen Form präsentiert ist er komisch. Schon *ein* Wort zuviel bei der Schlusspointe, ja selbst eine Silbe zu viel, ein Atmer an der falschen Stelle, eine fehlende (oder zusätzliche) Pause, eine falsche Betonung des Detonatorwords kann alles zunichte machen. Deshalb ist es auch nahezu sinnlos, jemandem einen Gag zu erklären, den er nicht verstanden hat. Einen Lacher erntet man so nicht, bestenfalls ein „mühsam gelächeltes „Ach soooooo".

Sehen wir uns also an, WIE Lustigmann seinen Text „Sehr gut" gestalten könnte, damit dieser Augenblick komisch wird.

Zunächst müssen wir uns einer der fundamentalsten Regeln aus dem Werkzeugkasten* des Komödianten bewusst machen. Sie lautet:

Nur weil es im Text *so steht*,

heißt das noch lange nicht,

dass es auch *so ist*.

Eine der einfachsten Methoden, Komik zu erzeugen ist,

***gegen* den Text zu spielen, bzw. gegen das,**

was in der wörtlichen Rede behauptet wird.**

Im vorliegenden Fall beantwortet Lustigmann, die Frage, wie seine Firma läuft mit „Sehr gut".

Die simpelste und am meisten auf der Hand liegende Idee, um hier für Komik zu sorgen, ist anzunehmen, dass seine Firma in Wirklichkeit keineswegs sehr gut, sondern sehr schlecht läuft. (Falls es für die Handlung dieses Stückes allerdings von Bedeutung ist, dass die Firma sehr gut läuft, scheidet diese Möglichkeit natürlich aus. Macht aber nichts, wir haben ja noch unzählige andere zur Verfügung.)

** Auch mit unpassend zusammengesetzten Metaphern wie „Regeln aus dem Werkzeugkasten" lässt sich Komik erzeugen.*

***Hier erklärt sich auch das Motto dieses Buches: „Alles kann und wird gegen Sie verwendet werden."*

So weit so gut. Wir haben nun eine Figur, deren Firma sehr schlecht läuft, die das aber offenbar nicht zugeben will. Jetzt müssen wir das nur noch dem Zuschauer vermitteln.

Hier einige Möglichkeiten, das zu tun:

A: Die Frage trifft Lustigmann völlig unvorbereitet. Er ringt nach Worten. Seine Gestik und Mimik verraten, dass er sich sehr unwohl fühlt. Schließlich presst er ein klägliches „Sehr gut" hervor.

B: Genau wie A, nur mit einem übertrieben begeisterten „Sehr gut" am Schluss.

C: Lustigmann antwortet mit einem normalen „Sehr gut" und bricht anschließend in Tränen aus.

D: Lustigmann (aggressiv) „Sehr gut!" (Untertext: „Auch, wenn alle was anderes sagen, ich bleibe dabei!")

E: Lustigmann sieht sich verstohlen um, ob sich jemand in der Nähe befindet, der weiß, wie schlecht es um seine Firma steht. Dies ist offensichtlich nicht der Fall. Erleichtert antwortet er mit „Sehr gut".

Natürlich könnte man die Sache auch ganz anders angehen. Es ist durchaus auch möglich – ja unter Umständen für die Handlung sogar zwingend erforderlich – dass die Firma von Lustigmann, ganz wie er behauptet, *wirklich* sehr gut läuft. In diesem Fall könnte er *so* reagieren:

F: Lustigmann ist offenbar ein totaler Vollidiot, so dass man sich sofort fragt, wie so einer eine gut laufende Firma leiten kann.

G: Sein „Sehr gut“ könnte von eitler Selbstgefälligkeit nur so triefen.

H: Wie G, aber gleichzeitig versucht Lustigmann jetzt, bescheiden zu erscheinen, was ihm jedoch natürlich nicht gelingt.

I: Er könnte das „Sehr gut“ extra laut sagen und dabei darauf achten, dass es möglichst alle im Raum mitkriegen.

J: Wie zuvor, nur dass er dieses Mal versucht, eine attraktive Frau in seiner Nähe damit zu beeindrucken. Anschließend wirft er ihr noch einige verführerische Blicke zu.

K: Er könnte sehr leise antworten und dabei nervös um sich schauen, weil er nicht will, dass andere von seinem Reichtum erfahren, schließlich lauern überall Neider und Schnorrer.

Im Übrigen könnte es auch gar keine Rolle spielen, ob Lustigmanns Firma gut oder schlecht läuft. Hier einige Varianten, die auf beide Optionen passen:

L: „Sehr...“ Ein Niesen kündigt sich bei Lustigmann an. „Ha, ha, ha, ha, ha, ha ha-tschi. ... gut.“

M: Lustigmann (total betrunken) „Sehr gut!“

N: Lustigmann (stotternd) „S-s-sehr g-g-g-ut.“ (Nicht geschmackvoll, aber lustig)

O: Lustigmann könnte paranoid regieren und sich ausgehorcht fühlen: „Warum fragt mich Ernstmann das? Was führt Ernstmann im Schilde?" Nervös antwortet Lustigmann „Sehr gut", wobei er aufgeregt blinzelnd versucht, hinter Ernstmanns „wahre" Absichten zu kommen.

P: Lustigmann könnte irgendein Problem haben, dass schon früher eingeführt wurde und von dem das Publikum weiß, dass ihn behindert, die Frage zu beantworten.

Q: Auch wäre es möglich, dass die Komik weniger durch die Interpretation des Dialogs erzeugt wird, sondern optisch, zum Beispiel durch ein verrutschtes oder farblich nicht passendes Toupet, Essensreste am Mundwinkel oder auf den Zähnen, lächerliche Krawatte, zu enger Anzug, eine schlechte Haltung oder einen seltsamen Gang. Oder vielleicht ist Lustigmann sehr viel kleiner als Ernstmann und versucht, größer zu erscheinen als er ist, etc. etc.

R: Oder es gibt eine akustische Äußerlichkeit, zum Beispiel eine seltsame Stimmlage oder ungewöhnliche Sprecheigenheiten.

S: Lustigmann vollführt nach oder vor Beantwortung der Frage eine Slapstick-Einlage. Zum Beispiel könnte er souverän mit „Sehr gut" antworten und sich dann lässig mit einer Hand auf dem Tisch neben ihm aufstützen, wobei seine Hand in einer Torte oder einer Schale mit Fruchtbowle landet. Ein typischer Inspektor-Clouseau-Gag.

T: Es könnten aber auch *beide* Darsteller Komödianten sein: Zum Beispiel könnten sie sich gegenseitig hassen:

Lustigmann 1: (feindselig) Wie läuft deine Firma?

Lustigmann 2: (feindselig) „Sehr gut"

Beide starren sich hasserfüllt an.

Eine weitere Möglichkeit mit vielen Varianten wäre ein Rollentausch:

Eine Party. Viele Gäste.

Lustigmann (mit einem Glas Wein in der Hand) sieht seinen alten Schulfreund Ernstmann, der sich gerade am Buffet bedient und tritt auf ihn zu.

LUSTIGMANN:

Hallo, lange nicht gesehen, hab gehört, du hast eine Firma gegründet. Wie läufts denn so?

ERNSTMANN:

Sehr gut.

U: Lustigmann geht davon aus, dass Ernstmanns Firma schlecht läuft und fragt mit schadenfroher Vorfreude nach. Doch Ernstmann antwortet glaubwürdig mit „Sehr gut". Lustigmann reagiert wütend.

V: Lustigmann reagiert enttäuscht.

W: Lustigmann verschluckt sich vor Schreck an seinem Drink.

X: Lustigmann quält sich ein erfreutes Lächeln ab.

Y: Lustigmann kann es nicht fassen.

Z: Slapstick-Einlage von Lustigmann.

Ich höre an dieser Stelle nur mit den Beispielen auf, weil das Alphabet aufgebraucht ist. Es gibt zahllose weitere Möglichkeiten und es bedarf kaum der Erwähnung, dass jede Variante auch wieder in unzähligen Versionen gespielt werden kann.

Übung:

Spiele eigene Varianten dieser Szene.

Du kannst eine Fülle von schlechten Eigenschaften ausprobieren.

Manche werden vielleicht gar nicht per se negativ sein, sondern nur in diesem Kontext. Einige werden Dir mehr liegen, manche weniger, so wie manche besser zu der Szene passen und manche – zumindest auf den ersten Blick – nicht so gut.

Hier eine kleine, garantiert unvollständige Liste negativer Eigenschaften: Hinterlistig, neurotisch, unsensibel, mies gelaunt, ängstlich, schüchtern, müde, traurig, geizig, pedantisch, gierig, verwirrt, sorglos, opportunistisch, misstrauisch, pessimistisch, wütend, überempfindlich, dumm (geht immer), weinerlich, machohaft, besserwisserisch, verführerisch, bösartig, kriminell, eitel, gefühllos, verrückt, größenwahnsinnig, fanatisch religiös ...

Auch die Kombination mehrerer schlechter Eigenschaften ist günstig, um eine komische Figur zu erschaffen. Das muss nicht unbedingt besonders extrem sein. Der Komiker Jack Benny – in Deutschland nur bekannt durch seine Hauptrolle in dem Ernst-Lubitsch-Klassiker *Sein oder Nichtsein* – war über Jahrzehnte hinweg einer der populärsten amerikanischen TV-Komiker, obwohl seine komische Figur eigentlich nur zwei, nicht einmal besonders extreme, negative Eigenschaften hatte, für die er bekannt war.

Er gab vor, extrem geizig zu sein und er begann (mit weit über vierzig) irgendwann zu behaupten, dass er neununddreißig Jahre alt sei. Im Gegensatz zu den meisten anderen Gags, die es gibt, wurde dieser natürlich mit jedem weiteren Jahr immer lustiger. Benny blieb bis zu seinem Tod im Alter von achtzig Jahren dabei.
(Die dritte negative Eigenschaft, die er zwar ständig spielte, die aber nie erwähnt wurde, war, dass er sehr leicht beleidigt war.)
Im Grunde lässt sich alles mit allem kombinieren. Selbst Eigenschaften, die im Widerspruch zueinander stehen. So könnte eine Figur einerseits in bestimmten Situationen sehr ängstlich sein, in anderen aber wiederum geradezu waghalsig mutig.

Der hochneurotische Detektiv Adrian Monk (genial verkörpert von Tony Shalhoub) aus der TV-Serie *Monk*, durchschaut die raffiniertesten Verbrechen, versteht aber die einfachsten Dinge nicht, wenn es um den zwischenmenschlichen Bereich geht. Erst durch diesen Gegensatz wird es wirklich komisch.

Michael Richards spielte auch schon vor seinem Durchbruch als „Kramer“ in der Sitcom *Seinfeld* in anderen TV-Shows Figuren, die Kramer bereits ziemlich ähnlich waren. Sehr erfolgreich war er damit nicht. Sie waren alle gestört und dumm. Der Erfolg der Kramer-Figur stellte sich erst ein, als

Richards eine weitere Eigenschaft hinzufügte: Kramer war immer noch ein gestörter Idiot, aber einer, der sich selbst für *schlauer* hält, als die Leute um ihn herum und der versucht, sich mit einer Aura extremer Souveränität zu umgeben.

Übung:

Suche Dir lustige Szenen aus Filmen, Theaterstücken und Sitcoms und spiele sie nach. Aber so, dass sie NICHT lustig sind. Anschließend so, dass sie sogar hochdramatisch sind.

Wo liegen im Spiel die Unterschiede im Vergleich zur lustigen Version?

Übung:

Suche Dir Szenen aus ernsten Stücken und spiele sie komisch, wobei nach und nach *jede* Figur (und nur diese) in dieser Szene einmal die komische ist.

Probiere das mit verschiedenen Stücken.

Du wirst feststellen, dass man oft nur Nuancen verändern muss, um ein Stück, zum Beispiel von Ibsen oder Tschechow, zur Komödie zu machen. Bei einer „normalen“ Aufführung von Tschechows *Die Möwe* oder *Der Kirschgarten* werden die Empfindsamkeiten der Figuren vom Publikum ernst genommen. Man muss als Darsteller aber gar nicht viel tun, um das wehleidige Rumgejammer stinkreicher Leute über ihre seelischen

Probleme der Lächerlichkeit preiszugeben. Der Inhalt der Szenen wird dabei nicht verändert, aber ein leicht verändertes Spiel erlaubt dem Publikum eine veränderte Interpretation der Vorgänge. In dieser Form darf und kann es darüber lachen.

Alles kann Komödie sein, jeder beliebige Inhalt, es kommt immer nur darauf an, ob die Schauspieler dem Zuschauer erlauben, sich von den Vorgängen auf der Bühne oder der Leinwand emotional zu distanzieren. Nur so hat er die Freiheit, sie komisch zu finden.

Man lacht nicht über Menschen, mit denen man Mitleid hat.

(Eine ausführliche Theorie der Komik, findest Du übrigens in meinem Buch *Comedy für Profis – Das Praxisbuch für Autoren und Comedians.*)

Die Übergänge in der Darstellung sind dabei fließend. In der Filmkomödie *Das Nervenbündel* spielt Jack Lemmon einen New Yorker Angestellten, der plötzlich seinen Job verliert. Als einige Tage später auch noch Einbrecher seine Wohnung leerräumen und weitere Missgeschicke dazu kommen, entlädt sich seine ganze Verzweiflung, indem er von seinem kleinen Balkon aus die Stadt New York beschimpft. Plötzlich trifft ihn von oben eine ganze Eimerladung kaltes Wasser, die ein Nachbar, den das Rumgeschreie gestört hat, über ihn ausgießt. Im allerersten Moment ist das lustig, doch Lemmons Reaktion darauf ist so verzweifelt und so ehrlich leidend, dass einem das Lachen im Halse stecken bleibt und man die Szene plötzlich als ungeheuer traurig empfindet. Ein Moment, dem man so in einer Simon-Komödie mit Jack Lemmon nicht erwarten würde und den ich schauspielerisch zwar für technisch hervorragend, aber stilistisch für falsch halte, weil hier die Komödie für einen Moment zur Tragödie wird. Lemmon ist hier „nur" Schauspieler und nicht Komödiant.

Wenn der Schauspieler in seiner Figur eine ernste Situation genauso ernst nimmt, wie sie es in der Realität verdienen würde, ist es nicht komisch. Komisch, beziehungsweise lächerlich, wird die Figur, wenn diese die Situation ZU ernst nimmt. (Oder unter Umständen auch zu *wenig ernst.)*

Auch das andere Ende des darstellerischen Spektrums können wir bei Jack Lemmon besichtigen und zwar in dem Film *Das große Rennen rund um die Welt.* Lemmons Figur, Professor Fate, ist ein Schurke wie aus einer Zeichentrickserie oder einem Stummfilm. Er trägt einen schlechtsitzenden schwarzen Frack, einen verbeulten Zylinder und einen dramatisch gebogenen Schnurrbart. Seine Augenbrauen wurden mit schwarzer Schminke dicker und diabolischer gemacht. Er hasst seinen Konkurrenten, den stets erfolgreichen, gutaussehenden und von den Frauen umschwärmten Sensationsdarsteller, den Großen Leslie (Tony Curtis), den er nicht nur um jeden Preis mit eigenen waghalsigen Aktionen (die immer fürchterlich schief gehen) übertreffen will, sondern er versucht auch, Leslie mit kriminellen Tricks zu sabotieren oder gar umzubringen, was ebenfalls immer scheitert und sich am Ende stets gegen ihn selbst wendet. Die Art, wie Lemmon das spielt, ist stark übertrieben, ja man könnte es sogar als übelstes Schmierentheater bezeichnen. Doch tut er das nicht, weil er es nicht besser, also realistischer, könnte, sondern absichtlich, denn genau darin besteht der Witz. Es ist *so* übertrieben dargestellt, dass es der Zuschauer keine Sekunde ernst nehmen kann und so noch mehr Spaß hat, als wenn Lemmon etwas realistischer agieren würde.

Übung:

Spiele dieselben negativen Eigenschaften einer komischen Figur in verschieden starker Intensität. Von dezent angedeutet bis zu absolut wahnsinnig.

Bedenke stets, dass die Figur nicht in der Lage ist, diese negative Eigenschaft(en) zu verbergen. Sie kann es versuchen, was für weitere Komik sorgt, aber es wird nicht klappen.

Achte darauf, dass Deine Figur diese Eigenschaften nicht souverän kontrolliert, sondern von diesen Eigenschaften kontrolliert wird.

Letztlich wenden sich die negativen Eigenschaften der komischen Figur immer (auch) gegen sie selbst.

Mehr ist mehr

Entgegen dem, was weiter vorne in diesem Buch steht (und auch weiterhin stimmt) kann nicht nur *weniger* mehr, sondern auch *mehr* mehr sein. Sieh Dir einmal den Wahnsinns-Anfall („Ich hab Hirnsausen!“) von Louis de Funes in dem Film *Oscar* an. (Andere Titel dieses Films: *Louis der Traumtänzer, Oscar der Korinthenkacker.*) Was de Funes hier aufführt, gehört wohl zum Extremsten, was je ein Komödiant gemacht hat. Dazu gehört Mut. Sicher, Jerry Lewis oder Laurel & Hardy machen auch extreme Dinge, aber zum einen sind sie sowieso als Idioten eingeführt und zum anderen ist es dennoch weniger extrem. Es ist eine Übertreibung des Realen. Was hingegen De Funes macht ist völlig irre, dabei spielt er in einer ziemlich realen Welt einen intelligenten und erfolgreichen Geschäftsmann. Umso größer ist der Bruch, den er sich hier leistet. Unter anderem zieht er pantomimisch seine Nase so weit in die Länge, dass er sie schließlich unter seinen Fuß klemmt, dann spielt er Geige auf der langgezogenen Nase.

Übung:

Umgekehrt kann es auch erhellend sein, auszuloten, was der geringstmögliche Einsatz ist, um eine komische Wirkung zu erzielen. Probiere auch das in verschiedenen Szenen.

Übung:

Probiere verschiedene Stimmen, Mimiken, Haltungen, Gangarten, Masken, Kostüme und guck, was das mit der Figur macht. Arbeite ruhig von außen nach innen, obwohl das unter Schauspielern ja zumeist verpönt ist. Dennoch funktioniert es. Das beweist die Methode, mir der sich Laurence Olivier, der zu seiner Zeit als bester Schauspieler der Welt galt (zumindest wurde er bei der Entgegennahme seines Ehren-Oscars für sein Lebenswerk (nach drei weiteren früheren Oscars) auf der Bühne so angekündigt) seinen Rollen näherte. In seiner Autobiographie *Bekenntnisse eines Schauspielers* bekannte der Schauspieler, dass er die Titelrolle in der Shakespeare-verfilmung von *Richard III.* (auch für diese Produktion wurde er mit einem besonderen Ehren-Oscar ausgezeichnet) nach dem Vorbild von Walt Disneys Zeichentrickfigur „Der große böse Wolf" gestaltet habe. (Wenn man Fotos von beiden Figuren sieht, kann man es durchaus erkennen.) Ausgehend von diesem Anblick im Spiegel erfasste er dann intuitiv den Charakter der Figur. Probiere es aus, es funktioniert.

Also, und vielleicht ist das der beste Tipp aus dem ganzen Buch:

Wenn Du Dich partout nicht in eine komische Figur hineinfühlen kannst, beziehungsweise, nicht weißt, wie Du die Figur, wie sie da im Text steht, komisch anlegen kannst, dann stelle Dir diese Figur als ernste und *reale* Person vor, und parodiere sie dann so, wie Du im realen Leben eine Person parodieren würdest.

Übung:

Alternativ dazu stelle Dir vor, wie *andere* Komödianten diese Figur darstellen würden.

Der Regisseur und Drehbuchautor Billy Wilder hatte in seinem Büro in Hollywood ein Schild hängen. Darauf stand zu lesen:

„How would Lubitsch do it?"

Der von Wilder sehr verehrte Regisseur Ernst Lubitsch war ein Großmeister der Komödie. Seine Filme hatten das gewisse Etwas, das auch unter dem Begriff *Lubitsch-Touch* bekannt war. Wann immer Wilder an einem Drehbuch arbeitete oder einen Film drehte, fragte er sich, wie Lubitsch es wohl an dieser oder jener Stelle gemacht hätte. Wenn man den Lubitsch-Touch kennt, bemerkt man Lubitschs Einfluss auf Wilder in vielen seiner Filme, zum Beispiel scheint der Hoteldirektor Carlucci in Wilders *Avanti, Avanti!* in seinem ganzen Verhalten und in seinem Aussehen direkt aus einem Lubitsch-Film entsprungen zu sein.

Verfahre genauso. Frage Dich bei jeder Szene, die Du komisch gestalten willst, wie Deine Lieblingskomödianten es wohl gemacht hätten und versuche, sie zu imitieren. Du glaubst gar nicht, wie viel Zeit Du mit dieser Methode sparen kannst.

Trau Dich, extrem zu sein und Dich lächerlich zu machen. Abschwächen kann man später immer noch.

Das heißt natürlich nicht, dass Du am Ende eine Eins-zu-eins-Kopie abliefern sollst, es ist nur ein Weg, sich der Sache anzunähern, um dann vielleicht, wie es auf jeder amerikanischen Münze steht – E pluribus unum – aus vielen *eines* zu erschaffen, das völlig neu und eigenständig ist.

Eine fantastische Möglichkeit, hervorragende Comedy zu sehen, die man nicht kaufen kann (oder will) ist natürlich Youtube. Angefangen bei Klassikern von Buster Keaton, Charlie Chaplin, Harold Lloyd, Laurel & Hardy über alte, aber nichtsdestotrotz großartige TV-Formate der fünfziger Jahre, die oft besser sind als das meiste, das heute produziert wird, wie *The Jack Benny Program* und *Your Show of Shows* (mit Sid Caesar und Carl Reiner. Zu den Autoren dieser Show gehörten Mel Brooks, Woody Allen und Neil Simon) über *Monty Pythons Flying Circus* (obwohl über ein halbes Jahrhundert alt, immer noch unübertroffen) bis hin zu Live-Auftritten tausender Comedians. Und trotz der Tatsache, dass auch heute noch die meisten Komiker und Komödianten Männer sind, gibt es auch zahlreiche komische Frauen wie Lucille Ball (*I love Lucy*), Carol Burnett (*The Carol Burnett Show*), Julie Walters (Wood and Walters),Julia Louis-Dreyfus (*Seinfeld, The new Adventures of old Christine, Veep*), Catherine Tate (*The Catherine Tate Show*), Cloris Leachman (*Frankenstein Junior)*

Madeline Kahn (*Höhenkoller*), Ellie Kemper (*The Office – An American Workplace, Unbreakable Kimmy Schmidt)*, Tina Fey (*30 Rock*), Anke Engelke (*Ladykracher*) u.v.a.

Natürlich kannst Du jede komische Figur, die Du beruflich spielst, anders anlegen, so wie Du ja auch die ernsten Rollen unterschiedlich anlegst, aber es ist auch auf jeden Fall eine Überlegung wert, ob Du nicht eine *eigene* komische Figur entwickelst, die aus sich selbst heraus komisch ist.
Akteure wie Marty Feldman mussten nur auftreten und schon lachten die Zuschauer; selbst wenn noch gar nichts passiert war oder gesprochen wurde. Selbstverständlich hat nicht jeder so eine extreme Physiognomie wie Feldman, aber auch Jerry Lewis oder Dieter Hallervorden arbeiteten so und dies obwohl sie keineswegs per se komisch waren. In Martin Scorseses sehr empfehlenswerten Drama *King of Comedy* (mit Robert de Niro als Möchtegernkomiker Rupert Pupkin) spielt Lewis todernst und sehr gekonnt einen unsympathischen Entertainer und in Wolfgang Menges *Das Millionenspiel* kann man Hallervorden als gefährlichen Killer bewundern – ganz ohne Komik.

Wenn Du so eine eigene komische Figur hast, hat das gleich mehrere Vorteile:

A Du bist unabhängig vom (vielleicht schlechten) Text, denn Du wirst Deine Lacher unabhängig davon erzielen.

B Du bist unabhängig vom (vielleicht schlechten) Regisseur, dem vielleicht nichts Lustiges einfällt und der vielleicht nicht mal fähig ist, die Komik im Text zu finden.

C Außerdem musst Du Dich nicht seiner Interpretation der Rolle – die Dir möglicherweise gar nicht zusagt – beugen. Schließlich wurdest Du ja engagiert, weil man Deine komische Figur schätzt. Sie wissen vorher, was sie kriegen, was Dir

D manche Rollen beschert, ohne dass Du dafür vorsprechen müsstest.

E Du bist unersetzbar. Wer diese Deine spezielle Form der Komik will, muss DICH engagieren.

F Du hast ein Markenzeichen, das Dich bekannter macht.

Bedenke, dass die Schauspieler, welche die Öffentlichkeit für die besten hält, meist nicht wirklich die besten sind. Mit Ausnahme von Alec Guinness, der wirklich fast jede Rolle völlig anders gespielt hat (man denke nur an seine acht Figuren in *Adel verpflichtet*, den Verbrecher, Professor Marcus in *Ladykillers*, Colonel Nicholson in *Die Brücke am Kwai* oder Obi-Wan Kenobi in *Krieg der Sterne/Star Wars* – es ist kaum zu glauben, dass es sich immer um denselben Darsteller handelt)* werden vom Publikum häufig *diejenigen* Schauspieler als die besten wahrgenommen,

* *Wahrscheinlich ist gerade das chamäleonhafte Verwandlungstalent das Markenzeichen von Alec Guinness.*

bei denen man *sieht*, wie *gut* sie spielen. Klaus Maria Brandauer oder Christoph Waltz sind solche Schauspieler. Doch dieser weitverbreiteten Sichtweise möchte ich widersprechen. Sicher, Brandauer und Waltz sind hochintelligente Schauspieler, die ihr Handwerk aus dem Effeff beherrschen und die vor allem besser als die meisten wissen, wie sie ihre Rollen maximal effektvoll gestalten. Tatsächlich jedoch, sind diejenigen Schauspieler die besten, die so komplett in ihrer Figur aufgehen, dass der Zuschauer nicht sagt: „der spielt sehr gut“, sondern „da haben die ja genau den Passenden in dieser Rolle besetzt.“

Deren Schauspielkunst ist so tief, dass sie unsichtbar ist. Doch das ist eine undankbare Fertigkeit. Der Zuschauer wird den Schauspieler, bei dem man *sehen* kann, wie gut er ist, immer höher schätzen.

Bei der Figurenfindung ist praktisch alles möglich. In der Sitcom *Frasier* gibt es zwei Brüder. Zum einen die Hauptfigur, Dr. Frasier Crane. Er ist Psychologe, äußerst kultiviert und interessiert sich zum Beispiel für die Oper und erlesene Weine. Oft verhält er sich ziemlich dünkelhaft. Er hat auch einen Bruder, Niles, der ebenfalls in sämtlichen Folgen auftaucht. Nun würde man natürlich annehmen, dass dieser Bruder völlig anders ist, woraus sich aufgrund des Kontrastes viele komische Situationen ergeben könnten, aber nein: Niles ist ebenfalls Psychologe mit Doktortitel, äußerst kultiviert, interessiert sich für die Oper sowie erlesene Weine und verhält sich oft ziemlich dünkelhaft. Ein unfassbarer Anfängerfehler der Autoren möchte man meinen, doch dem ist nicht so. Es funktioniert; der Kontrast dazu ist nämlich ihr Vater, der völlig *un*neurotische, geerdete, biertrinkende Polizist Martin Crane, ohne Sinn für feinere Kultur. Dass er statt *einem* Sohn, den er nicht versteht und für überkandidelt hält, gleich *zwei* von der Sorte hat, macht es noch komischer.

Übung:

Erschaffe eine komische Figur nicht indem Du eine per se negative Eigenschaft nimmst, sondern eine Besessenheit. Eine Weltsicht, ein spezielles Interesse, eine Angst oder Abneigung o.ä. Hier gilt der schöne Spruch „Wer nur einen Hammer hat, dem wird die ganze Welt zum Nagel". In der *Seinfeld*-Folge *Der Suppen-Nazi* kommt ein Mann vor, der einen kleinen Imbiss betreibt, wo man Suppen zum Mitnehmen kaufen kann. Doch leider ist der Mann besessen davon, dass der Prozess des Suppe-Kaufens reibungslos und exakt nach seinen Vorstellungen abzulaufen hat. In der Schlange der Kunden darf nicht gesprochen werden. Wenn man dran ist, muss man ohne überflüssige Worte seine Bestellung aufgeben, das Geld parat haben und dann zur Seite treten. Die Kunden lassen sich das alles bieten, weil es nunmal die köstlichsten Suppen von ganz New York sind. Als George Costanza ihn vorsichtig darauf aufmerksam macht, dass er im Gegensatz zu allen anderen Kunden kein Brot erhalten habe, reißt ihm der Suppen-Nazi die Suppe wieder weg, gibt ihm das Geld zurück und schreit:

„Keine Suppe für Sie!" Der Suppen-Nazi sabotiert seine hervorragende Kochkunst und damit sich selbst, weil er vom Ordnungswahn besessen ist und diesen über alles andere stellt. In dieser Folge ist es zwar ein entscheidender Teil der Handlung, aber wenn der Schauspieler für sich entschieden hätte, es so zu spielen, ohne dass es so im Script steht, wäre es dennoch komisch.

Übung:

Finde eine komische Figur, indem Du für sie ein *inneres* Hindernis wie z.B. Schüchternheit) findest, das ihr das Leben und ALLES, was sie tut, schwermacht.

Übung:

Finde eine komische Figur, indem Du für sie ein *äußeres* Hindernis findest, das ihr das Leben und ALLES, was sie tut, schwermacht. Zum Beispiel könnte sie ihre Brille verloren haben oder zu eitel sein, sie aufzusetzen, obwohl sie ohne praktisch blind ist.

Übung:

Finde visuelle Gags, die Du aus dem Text, der Handlung oder der Figur entwickelst, indem Du das im Text vorhandene in übertriebener Weise weiterspinnst.

Wenn Deine Figur zum Beispiel jemandem aus der Hand liest, könntest Du spielen, dass die Lebenslinie bei dieser Person so extrem lang ist, dass Du ihr in den Ärmel sehen musst, um ihr Ende zu finden.
Oder denken wir an den peniblen Dr. Niles Crane in der Sitcom Frasier: Bevor er sich bei seinen täglichen Besuchen im Café Nervosa auf einen Stuhl setzt, versäumt er es nie, zuerst sein elegantes Stofftaschentuch auf die Sitzfläche zu legen.

Deine Komik muss nicht einmal unbedingt etwas mit dem Inhalt oder mit der Figur, etwas zu tun haben: In einer brillanten Inszenierung des „Theaters der russischen Armee", Moskau von Wladimir Majakowskis Komödie *Die Wanze*, sah ich einmal eine Nebenfigur, die fünf Minuten lang damit beschäftigt war, eine (in Wirklichkeit nicht vorhandene) Fliege zu jagen. Das hätte man auch problemlos weglassen können, aber es war ungemein komisch.

Übung:

Sieh Dir auf Youtube einen Comedian an und reduziere jeden seiner Gags (auch die visuellen) auf seine sachliche Aussage. Du wirst feststellen, es sind ganz normale Dinge, auf komische Weise präsentiert.

Warum die psychologische Herangehensweise nicht hilfreich ist

Bitte vergiss bei allen Übungen beziehungsweise dem Erarbeiten einer komischen Figur Stanislawski und Strasberg. Eine solch psychologische Herangehensweise wird Dir nicht nur nicht helfen, eine Figur komisch anzulegen, sondern sie wird Dich behindern.*

Die Emotionen der komischen Figur sind eben NICHT realistisch, sie sind unangemessen schwach oder (häufiger) unangemessen stark.

Der Komödiant identifiziert sich im Gegensatz zum Schauspieler nicht wirklich mit der Figur, die er spielt. Er blickt von außen auf sie und macht sich über sie lustig.

Am ehesten ist das vielleicht mit dem Vorgang vergleichbar, wenn man sich über eine reale Person lustig macht, indem man sie übertrieben imitiert. Wenn Angestellte in der Mittagspause ihren Chef parodieren, dann versetzen sie sich ja auch nicht in dessen Gefühle oder versuchen nachzuempfinden, warum der Chef – aus seiner Sicht – recht hat (Jede Figur, die ein Schauspieler darstellt, hat aus ihrer Sicht, immer recht – wie im wirklichen Leben) und was die biographischen und psychologischen

**Sie wird Dir auch bei ernsten Rollen beim Finden der Figur nicht helfen. Warum das so ist, kannst Du in David Mamets hervorragendem Büchlein Richtig und Falsch – Ein Ketzerbrevier für Schauspieler nachlesen.*

Gründe für sein Handeln sind. Nein, diese Angestellten greifen sich bestimmte auffällige Äußerlichkeiten heraus und übertreiben sie ins Lächerliche. Es ist keine detailgenaue Imitation des Chefs, die ja auch möglich wäre. Dabei können sogar negative Eigenschaften, die der Chef gar nicht besitzt, einfach dazu erfunden werden, ohne dass das jemanden stören würde, so wird es nur noch lustiger.

Der Kabarettist Mathias Richling, der in seinen diversen TV-Formaten oft bekannte Politiker parodierte, gab in einem Interview zu, dass es ihm nicht immer gelänge, komische Charakteristika der jeweiligen Personen herauszuarbeiten und dass er deshalb einfach Eigenschaften frei erfinde. Zum Beispiel ein stark übertriebenes Luftholen zwischen den einzelnen Sätzen oder bestimmte sich wiederholende Phrasen in einer bestimmten Betonung. Das hat zwar mit der dargestellten Figur eigentlich gar nichts zu tun, ist aber lustig und das Publikum bemerkt es nicht oder stört sich zumindest nicht daran, da es zumindest theoretisch wahr sein *könnte* und zumindest in sich komisch ist.

Natürlich kannst Du Dir analytisch überlegen, was für eine bestimmte Szene oder Figur am lustigsten wäre, mach das ruhig, dazu gleich mehr, aber probiere im Gegenzug auch aus, wie es ist, die Sau (andere würden sagen: das innere Kind) rauszulassen und einfach mal rumzuspinnen. Reduzieren kann man später immer noch, aber erstmal muss man etwas *haben,* das man reduzieren kann.

Zum Schluss dieses Abschnitts noch eine Anmerkung:

Oft findet auf Proben folgendes statt. Der Regisseur gibt dem Schauspieler eine Regieanweisung und der Schauspieler weigert sich, sie auszuführen. Seine Begründung dafür lautet: „Das würde meine Figur niemals tun."

Als Schauspieler und Regisseur kenne ich beide Seiten dieser Auseinandersetzung. Für den Schauspieler fühlt es sich einfach falsch an, die Regieanweisung passt nicht zu der Interpretation der Rolle, die man im Kopf hat.

Die Lösung dieses Problems ist simpel: Die Vorstellung des Schauspielers von der Rolle ist falsch, nämlich zu eng gefasst. So ist es leider.

2 Herangehensweise über den Text

Verschiedene Arten von Texten

Zunächst müssen wir erkennen, mit was für einer Art von Text wir es zu tun haben. In Bezug auf Komik gibt es diverse Kategorien von dramatischen Texten:

A

Texte, die *in sich* bereits komisch sind und selbst bei uninspiriertem Spiel komisch bleiben. Ein Beispiel ist das Theaterstück *Bunbury oder Ernst sein ist wichtig* von Oscar Wilde. Diese Komödie (die Wilde übrigens innerhalb von nur drei Wochen schrieb) besteht praktisch nur aus Pointen. Fast jeder Satz ist komisch und zwar *in sich* komisch. Der Schauspieler kann dabei keine Ahnung von Komik haben, es wird trotzdem funktionieren. Ja mehr noch: Wenn man dieses Stück unkomisch spielen wollte, dann müsste man es schon aktiv sabotieren und bei jedem Satz mühevoll einen Weg finden, wie man den Text so stark konterkariert, dass er nicht mehr komisch ist.* Natürlich kann man den Text durch das Spiel *noch* komischer machen, aber nötig ist es nicht.

**Eine gute Übung, die man durchaus probieren sollte.*

Solche Texte sind ideal für Schauspieler ohne Funny Bones, die aber dennoch Komödie spielen wollen und nicht dieses Buch besitzen. Für Schauspieler *mit* Funny Bones sind sie natürlich erst recht geeignet.

B

Komödien, die zwar Gags enthalten, bei denen ziemlich sicher gelacht werden wird, aber auch viele Stellen, die zwar für einen Komödianten eine gute Ausgangsbasis bieten, dennoch aber auch eine komödiantische Darstellung benötigen, damit es komisch wird. Um ein solches handelt es sich zum Beispiel bei der weiter oben beschriebenen Feydeau-Komödie des Burgtheaters. Am Anfang dieses Stückes folgt ein Mann einer ihm unbekannten Frau, die er gerade erst auf der Straße gesehen hat, bis in ihre Wohnung und überschüttet sie mit Liebesschwüren. Der Text an sich ist nicht komisch. Dieselben Liebesschwüre in einem anderen Stück könnten dort völlig ernst und seriös wirken. Komisch ist das nur durch den Kontext, nämlich weil der Mann die Frau gar nicht kennt. Aber auch das spielt sich nicht von selbst. Die Burgschauspieler verließen sich da einfach auf Feydeau und dachten wohl, wenn der das so geschrieben hat, wird es wohl auch lustig sein. Feydeau wiederum hat sich auf die Schauspieler verlassen und ist davon ausgegangen, dass sie diese Steilvorlagen auch verwandeln. Haben sie aber nicht, denn sie haben es so gespielt, wie es dasteht und nicht verstanden, dass das in diesem Fall nicht reicht.

Das gleiche gilt für die Theaterstücke von Neil Simon. Eigentlich hatte ich immer gedacht, dass hier eine Komik-Automatik eingebaut ist, aber dann musste ich in dem anfangs erwähnten Comedyseminar erleben, wie man auch das völlig unkomisch inszenieren kann. Die Schauspielerin der Schaubühne hatte eine Szene aus der Simon-Komödie *Der letzte der feurigen Liebhaber* inszeniert und dabei sämtliche Komik, die meiner Meinung geradezu ins Auge springt, übersehen. Praktisch sämtliche Pointen waren nicht erkannt und nicht gespielt worden. Das Problem ist für Leute ohne Funny Bones offensichtlich größer als man denken sollte.

C

Texte, die ernst *oder* komisch gespielt werden können. Shakespeares Hamlet ist so ein Stück. Eigentlich ist es natürlich eine Tragödie, aber nach vierhundert Jahren ist es inzwischen so oft im Sinne Shakespeares gespielt worden, dass es nun von vielen Regisseuren als eine Art Textsteinbruch angesehen wird, mit dem man nach Belieben verfahren kann. Man kann Hamlet weiterhin todernst spielen oder man kann es (wie einen James-Bond-Film mit Roger Moore) als Komödie mit ernsten Momenten inszenieren.

D

Texte, die ganz realistisch gespielt werden müssen. Sämtliche Komik ergibt sich aus der Situation. Jede Form von Übertreibung macht das Ganze unglaubwürdig und zerstört die Komik.

Ein Beispiel hierfür finden wir in dem Film *Der dritte Mann.* Die Hauptfigur, Groschenromanautor Holly Martins, dargestellt von Joseph Cotton, verstrickt sich im Wien der Nachkriegszeit zunehmend in eine Verschwörung und gerät immer wieder in Gefahr. Als er in ein Taxi steigt, rast der Fahrer einfach los und ignoriert alle Proteste von Martins. Er denkt, dass er entführt wird und sein letztes Stündlein geschlagen hat. Am Ziel angekommen zerrt man ihn aus dem Auto und in ein Haus. Dort schubst man ihn auf eine Bühne, wo man ihn bereits erwartet. Er hatte völlig vergessen, dass er (früher im Film) dem Präsidenten einer Wiener Literaturvereinigung, der ihn für einen seriösen Schriftsteller hält, auf dessen Bitte hin versprochen hat, einen Vortrag über die Literatur des zwanzigsten Jahrhunderts zu halten. Und zu diesem hat man ihn nun auf die Bühne geholt. Da er nichts vorbereitet und auch keine Ahnung von dem Thema hat, steht er nur verlegen vor dem erwartungsvollen Publikum und beginnt mit „Tja, also...“. Ein sehr lustiger Moment.

An einer anderen Stelle fragt ein englischer Soldat (dargestellt von Bernard Lee, dem späteren Darsteller des M in den James-Bond-Filmen) Martins voller Ehrfurcht, ob er etwa der „*Dichter* von *der Todesreiter von Santa*

Fe" sei. Wäre Groschenromanautor Martins wirklich ein renommierter Dichter, hätte dies überhaupt keine Komik, erst durch den Kontext wird die völlig ernst gespielte Szene lustig.

Der dritte Mann ist keine Komödie, dennoch hat er ein paar komische Stellen, die aber vollkommen ernst dargestellt werden.

In der Sitcom *How I met your Mother* bekommt Marshall Eriksen ein paar Minuten vor seiner Trauung Panik und rasiert sich in einem selbst-zerstörerischen Akt mit einer Haarschneidemaschine eine breite Glatzen-schneise in sein Haar, so dass er unmöglich aussieht. Im nächsten Moment bemerkt er voller Entsetzen, dass es ein Fehler war und sucht nach einer Lösung. Sein Trauzeuge, Ted Mosby hat eine Idee: Er weiß, dass einer der älteren Hochzeitsgäste ein Toupet in der zu Marshalls Haar passenden Farbe trägt und nähert sich dem Mann. Obwohl deutlich zu sehen ist, dass der Gast ein Toupet trägt, denkt dieser, dass es niemand bemerkt. Ted will ihn nicht demütigen und tut so, als wenn er von nichts weiß und beschreibt Marshalls Problem. Zum Schluss sagt er, dass es vielleicht eine gute Idee wäre, jemanden zu finden, der ein Toupet trägt und diesen Jemand zu bitten, es Marshall zu leihen. Der Toupetträger bestätigt, dass es eine gute Idee ist, sagt aber, dass es schwer sein könnte, so jemanden zu finden. Er gibt sich sehr hilfsbereit, verrät aber sein vermeintliches Geheimnis nicht. Nun gäbe es mehrere Möglichkeiten für den Schauspieler mit dem Toupet diese Szene zu spielen. Die meisten würden ihn wohl als peinlich berührten

Lügner darstellen und das wäre auch durchaus komisch. Doch hier wird es anders gemacht. Der Schauspieler agiert so, als wenn er jemanden spielt, der *kein* Toupet trägt und ganz ehrlich auf Ted reagiert. Er spielt es vollkommen seriös und kein bisschen komisch und gerade das ist viel komischer als jede andere Variante.

Die Figuren werden nicht denunziert, nichts wird übertrieben. Kenntnisse zum Thema Komik sind für die Schauspieler hier nicht notwendig.

E

Ernste Texte, die auf gar keinen Fall komisch dargestellt werden dürfen, wenn sie ihren eigentlichen Sinn nicht verlieren sollen. Ein Beispiel wäre hier der Film *Schindlers Liste*. Zwar gibt es auch in diesem Film ein paar komische Stellen, beispielsweise als Oskar Schindler eine Sekretärin einstellen will und hingerissen einer jungen, schönen Bewerberin zuguckt, die miserabel tippt und sich nach dem nächsten Schnitt langweilt, als eine ältere unattraktive Frau rasend schnell tippt, aber in allen Szenen, die beispielsweise die schrecklichen Vorgänge in den Konzentrationslagern zeigen, verbietet sich – in diesem Film – jede Komik. Das soll nicht bedeuten, dass es nicht grundsätzlich möglich wäre, auch an einem solch schrecklichen Ort komische Szenen spielen zu lassen, wie die mit drei Oscars, vier Oscarnominierungen und zahlreichen anderen Preisen ausgezeichnete Komödie *Das Leben ist schön* von und mit Roberto Benigni beweist. Aber es ist ein Drahtseilakt und die Chancen sind hoch, dass es in einem totalen Desaster endet, wie wiederum der Jerry-Lewis-Film *The Day the Clown Cried* von 1972 zeigt, der von einem Clown in einem Konzentrationslager handelt. Lewis betrachtete den Film als komplett gescheitert („It was bad, bad, bad") und er wurde deshalb nie öffentlich aufgeführt.

Noch über vier Jahrzehnte später erzählte er in einem Interview, dass er täglich an diesen Film denke und darunter leide, es nicht hinbekommen zu haben.

Praxis:

Zunächst muss der Schauspieler also erkennen, was für eine Art Text ihm vorliegt und er muss wissen, was damit passieren soll. Ernst oder komisch? **Falls die Entscheidung für komisch fällt, muss der Text unter einem völlig anderen Blickwinkel betrachtet werden.**

Handelt es sich beispielsweise um eine Komödie von Neil Simon oder Woody Allen, musst Du davon ausgehen, dass nicht nur praktisch *alles* komisch gemeint ist, sondern dass es mit der richtigen Interpretation auch bereits komisch *ist.* Bei einer Komödie, die hingegen beispielsweise von Goldoni oder Moliere verfasst wurde, gibt es zahllose Möglichkeiten, die Figuren komisch zu gestalten; bei Neil Simon sind die Möglichkeiten beschränkter. Bei ihm wird vieles nur dann komisch sein, wenn man es genauso spielt, wie er es im Kopf hatte. (Auch die Texte von Loriot fallen in diese Kategorie.) Hier geht es nicht darum, eine eigene komische Figur zu finden und eigene Gags reinzubauen, das würde Simons exakt ausgetüfteltes Werk zerstören, sondern darum herauszufinden, wie Simon es gemeint hat, beziehungsweise wo die inhärent vorhandene Komik im Text liegt.

Nicht immer ist es so offensichtlich, wie in seinem Stück *Ein seltsames Paar*, in dem die beiden Wohngenossen Felix und Oscar, zwecks eines romantischen Abends zwei Frauen einladen und wo der hypersensible

Pedant, Felix, – während der raubauzige Chaot, Oscar, in der Küche Getränke holt – die Stimmung ruiniert, indem er von seiner Scheidung erzählt und wie sehr er seine Frau und seine Kinder vermisst, so dass er und die beiden Frauen schließlich in Tränen ausbrechen, bis Oscar in bester Partylaune hereinkommt und ruft: „Na, alle lustig und fidel?" und dann zu seinem Entsetzen sieht, was inzwischen passiert ist. Hier ist der komische Kontrast unübersehbar.

Leider gibt es Schauspieler, welche die inhärent vorhandene Komik nicht erkennen, was aber nichts macht, solange der Regisseur sie erkennt. (Wenn der auch nicht dazu in der Lage ist, kann nur noch dieses Buch helfen.)

Andererseits bedeutet die Tatsache, dass die Komik in einer Komödie schon vorhanden ist, noch lange nicht, dass alles so gemeint ist, wie es dort steht!

Aber selbst, *wenn* alles so gemeint ist, wie es dort steht: Der Komödiant schläft nie und sein ruheloser subversiver Geist sucht im Text unermüdlich nach einer Möglichkeit, wie er das, was dort steht, konterkarieren kann.

Noch einmal erinnere ich an das Motto dieses Buches: „Alles was Sie sagen, kann und wird gegen Sie verwendet werden." Und mit „Sie" ist immer der Text gemeint, an dem Du gerade arbeitest.

Wenn Du Dir aus diesem Buch nur *eine* Sache merkst, dann diese:

Nimm niemals den Text für bare Münze!

Nur weil jemand etwas sagt, heißt das noch nicht,

dass es wirklich so ist oder dass er es auch wirklich so meint.

(Das ist genau wie im richtigen Leben.)

Als Komödiant solltest Du JEDEN Satz und jede Handlung auf den Prüfstand stellen und Dich fragen: Entsteht vielleicht Komik, wenn ich das Gegenteil von dem, was dort steht, spiele?

In dem Film *Manche mögens heiß* erklärt Marylin Monroe Tony Curtis, dass sie immer auf die falschen Männer hereinfällt und dass sie sich deshalb selbst für dumm hält.

Tony Curtis antwortet darauf tröstend: „Verstand ist nicht das Wichtigste."

Man stelle sich vor, wie ein Schauspieler wie Alec Guinness diesen Satz sagen würde, der ja in seiner Karriere des Öfteren ältere weise Männer gespielt hat. Bei ihm könnte dieser Satz durchaus als elementare Wahrheit rüberkommen. Sind doch unter Umständen Dinge wie ein guter Charakter oder andere Eigenschaften wichtiger als Verstand. Curtis äußert diesen Satz jedoch als Frau verkleidet mit weiblich verstellter Stimme und vor allem hängt er an „Verstand ist nicht das Wichtigste" noch ein albernes Lachen an, was ihn selbst sehr dümmlich erscheinen lässt. So ist es komisch.

In der Filmkomödie *Sirene in blond* (*Will Success spoil Rock Hunter?*) von Frank Tashlin führen verschiedene Verwicklungen dazu, dass der unbedeutende Werbetexter Rock Hunter (gespielt von Tony Randall) aus Publicitygründen zum Liebhaber eines weiblichen Filmstars aufgebaut und so über Nacht selbst weltberühmt wird. Selbstgefällig sagt Randall an einer Stelle „Erfolg, ich komme!“ und verlässt dabei das Zimmer. Doch direkt nach diesem Satz stößt er mit dem Fuß gegen die Türschwelle, was zu einem kleinen Stolperer führt, den er aber ignoriert. (Klingt beschrieben nicht sehr lustig, ist es aber.)

Und das Gegenteilprinzip beschränkt sich natürlich nicht nur auf die gesprochenen Texte der Figuren. Auch jede ausgeführte Handlung sollte auf komisches Potential abgeklopft werden.

Wenn die Figur ein Fenster öffnet, kann sie das zwar erfolgreich tun, aber es muss ja nicht gleich beim ersten Mal gelingen. Wenn sie sich zum Beispiel besonders machohaft gibt, könnte es lustig sein, wenn sie zu wenig Kraft hat, auf Anhieb mit dem schwergängigen Fenstergriff fertig zu werden. Dies könnte zu einer kompletten Slapstick-Nummer ausgebaut werden und anschließend hat der so blamierte, noch Gelegenheit, zu versuchen, durch besonders männliches Gehabe, einen Ausgleich zu schaffen.

Übung:

Wenn Du auch zu denen gehörst, die sich da schwertun, besorge Dir die Texte einiger Komödien, am besten vom selben Autor, um den es geht. Leider sind viele Theaterstücke im freien Handel nicht erhältlich, sondern nur bei speziellen Theaterverlagen, die ihre Werke ausschließlich an Theater und Regisseure abgeben. Mit etwas Verhandlung ist oft aber dennoch möglich, sie zu bekommen. Viele Stücke von Neil Simon wurden aber vom S Fischer Verlag zusätzlich auch als frei verkäufliche Taschenbücher verlegt.

Lies das Stück Satz für Satz durch und überlege Dir bei jedem Satz, worin die vom Autor gemeinte Komik bestehen könnte. Besorg Dir eine DVD einer Verfilmung (von Neil Simon beispielsweise wurden fast alle Stücke verfilmt) oder prüfe, ob es das Stück auf Youtube gibt.

Egal, ob Du glaubst, die Komik zu entdecken oder ob Du sie nicht finden kannst, sieh Dir nach jedem gelesenen Abschnitt die „Auflösung“ an. Wenn Du die gleiche Idee hattest – gut. Wenn Du eine *andere* komische Idee hattest – immerhin. Wenn Du *keine* Idee hattest – lerne. Mit der Zeit wird sich ein Gespür für die Sache einstellen.

Das heißt natürlich nicht, dass Du nicht zusätzlich auch eigene Gags einbauen darfst. Nur müssen sie stilistisch und inhaltlich zu Deiner Figur und zum Stück passen.

Schauspieler lieben es, sich Texte mundgerecht zu machen. Bei manchen Autoren ist das auch in Ordnung oder vielleicht sogar notwendig, aber wie antwortete schon Schtonk-Regisseur Helmut Dietl immer, wenn ihm ein Schauspieler die Frage stellte, ob er etwas ändern dürfe: „Spiels einfach so, wie's da steht."

Gerade Komödienautoren haben meist ein sehr feines Sprachgefühl und haben exakt ausgetüftelt, *wie* es formuliert werden muss, damit es maximal komisch ist.

Wenn hingegen der Schauspieler, Autor und Regisseur Curt Goetz (*Hokuspokus, Das Haus in Montevideo, Dr. med. Hiob Praetorius*, u.v.a.) gefragt wurde, ob man eine andere Formulierung probieren dürfe, war dieser meist damit einverstanden, allerdings stellte sich in der Regel am Ende des Probierens heraus, dass die ursprüngliche Version von Goetz am besten funktionierte.

Zuweilen kann es schon reichen, den Text zu über- oder untertreiben.

Auch wenn Du selbst gar keinen Text hast, kannst Du dennoch aus dem Text Deiner Kollegen Komik ziehen. Wenn zum Beispiel der anfangs erwähnte aufdringliche Möchtegernliebhaber aus dem Feydeau-Stück, der Frau, die er auf der Straße verfolgt hat, Komplimente macht, könnte eine zusätzliche Komik auch darin bestehen, dass die Schauspielerin alle seine

Komplimente konterkariert, indem sie das Gegenteil spielt, indem sie, wenn er etwa ihre Grazie preist, sie sich besonders plump bewegt. (Damit keine Missverständnisse aufkommen: Die Figur bewegt sich so gut sie kann, die Schauspielerin sorgt dafür, dass es plump wirkt.)

Schlusswort

Der berühmte Schauspiellehrer und Regisseur Konstantin S. Stanislawski sagte einmal:

„Es gibt keine kleinen Rollen,
nur kleine Schauspieler.“

Er hatte recht und ich möchte hinzufügen:

Es gibt keine unkomischen Rollen,
nur unkomische Schauspieler.

Und damit sind wir auch schon am Ende dieser kleinen Handreichung für Schauspieler.

Wenn Dir das Buch gefallen hat, bewerte es bitte positiv bei Amazon und sei es auch nur aus der berechtigten Angst heraus, es ansonsten bis in alle Ewigkeit mit mir verdorben zu haben.

Wenn es Dir nicht gefallen hat, bewerte es nicht und empfiehl es allen Kollegen, die Du nicht ausstehen kannst.

Register

Vom selben Autor:

Comedy für Profis – Das Praxisbuch für Autoren und Comedians

Aus dem Inhalt: Was ist Komik *nicht*? – Was *ist* Komik? – Was ist Lachen? – Die drei Komponenten der Komik – Was ist Humor?

Komik von A-Z: ACME, Actout, Ärger, Angst, Bananas on Bananas, Blackout, Bombing, Bull, Catchphrase, CBA, Chutney, Corpsing, Crosstalk, Detonatorword, 3er-Regel, Doubletake, Ellipse, Fallhöhe, Faule Autoren, F.I.T.O., Form, Frankenstein, Fridgejoke, Funny Bones, Gagdichte, Gerbeau, Googeln, Gorilla, Hack, Hat on a Hat, Headwriter, Heckler, High Concept, Hochkomik, Hommage, Homerisches Gelächter, Ideen, Inspiration, Interviews, Ironie, Keiner weiß Bescheid, Killing Kittens, Kürzen, Lampshading, Langdon, Laut lesen, Lightning Rod, Monty Python, Nakamura, Namen, Notizbuch, Oneliner, Outline, Payoff, pitchen, Pitcheroo, Pointe, Political Correctness, Prioritäten, Punchline, Rabbit hole, Red Dot, The Restaurant at the corner, Riffing, Runnig Gag, Sardonisches Gelächter, Sarkasmus, Savers, Scud, Set, Setting, Set-up, SFX, Sitcom, Stehlen, Schlusspointen und Scheinpointen, Scheingag, Straight Man, Tabus, Testen, Themenwahl, Timing, Ton, Treatment, Two Percenter, Überleitungen, Vomit Draft, Witz im Witz, Wortspiel, Youtube, Zirkelkonstruktion, Zweierregel, Zuviel des Guten, Zynismus. Oneliner – Sketche – Radiocomedys – Sitcoms – Solocomedy Vom Comedy schreiben leben – Was darf Satire?, u.v.m.

Weitere Bücher von Stefan Lehnberg:

Mein Meisterwerk (Ausgezeichnet mit dem Ephraim-Kishon-Satirepreis), Langen-Müller-Verlag

Die criminalistischen Werke des Johann Wolfgang von Goethe – aufgezeichnet von seinem Freunde Friedrich Schiller – Band 1
Durch Nacht und Wind, Tropenverlag

Die criminalistischen Werke des Johann Wolfgang von Goethe – aufgezeichnet von seinem Freunde Friedrich Schiller – Band 2
Die Affäre Carambol, Tropenverlag

Die criminalistischen Werke des Johann Wolfgang von Goethe – aufgezeichnet von seinem Freunde Friedrich Schiller – Band 3
Die Briefe des Ikarus, Tropenverlag

Das persönliche Tagebuch von Wladimir Putin, Lappanverlag

Als Guy McLean:
Lord Danby – Mord auf Asher Castle, Dotbooks-Verlag

Lord Danby – Die Deauville-Affäre, Dotbooks-Verlag

Lord Danby – Der mysteriöse Passagier, Dotbooks-Verlag

Als T.H. Lawrence:
Der Teufel von Dublin – Neue Father-Brown-Krimis, St. Benno-Verlag